増補改訂
暮らしのなかの妖怪たち

岩井宏實　著

慶友社

まえがき

人間は現世で営みを立てるとき、たえず異界とのかかわりを迫られ、異様なる姿態・行為をもって現世に出現する怪異、すなわち妖怪に特別の感情をもって対応してきた。妖怪にある種の神性を見出し、祀られぬ神が時と所を選んでこの世に現れて、善なるものは庇護し、よからぬものには恐怖の念を抱かせ、また妖怪のテリトリーを侵すものには威しをかける。しかし、世がよからぬ事態となり、人びとが暮らしに困惑するような世情となると、世人は心の安らぎを得るための一助として、妖怪の魔力に縋《すが》ろうとする。すなわち、妖怪は恐ろしさの一面、心を癒してくれる存在と世人は意識したのであった。

そのため、すでに奈良時代において、天平勝宝四年（七五二）聖武天皇によって「鎮護国家」を祈念して大仏開眼《かいげん》の行われる不安定な時代に、すでに鬼・天狗の存在したことが『日本書紀』にも記されている。つぎに「雅《みやび》」の王朝文学が世を風靡し、映えある時代のようでありながら、実は末法思想が広まり、まさに世も末のように意識された平安時代末期において、鬼・天狗の活動はすさまじくなり、その他もろもろの妖怪が出現し、「百鬼」あるいは「百鬼夜行《やぎよう》」という言葉が生まれ、怪異譚も数多く語られた。

そして、平安時代後期に現れた器物の妖怪も、暗黒時代とも称された室町時代後期の、守護大名の抗争とそれによる社会生活の疲弊のなかで、庶民の叡智により室町の物語文学が生まれる。そうした風潮の展開として妖怪譚が世人に求められ、さまざまな「百鬼夜行図」が現れ、そこには百五十種におよぶ妖怪が描かれた。そうしたことは、人間が妖怪を身近な存在として意識したことをものがたり、それが室町時代末期の一つの特徴でもあった。

江戸時代も文化・文政時代になると、ふたたび妖怪が人びとに迎えられ、そしてまたさまざまな「百鬼夜行図」が現れ、それに世の関心が集まった。この時代は上方の大店《おおだな》が繁栄した元禄時代を経て、江戸の大小多様にわたる商いの華やぎの蔭で、庶民の暮らしの歪みから不安な世情を現出し、そこからまた妖怪が人びとの心にある種の安らぎを与え、「百鬼夜行図」もおよそ五十種におよぶ妖怪を描き、評判を得たのであった。それはまさに当時の人びとが関心をもった妖怪のカタログのようでもあった。

明治維新を経て近代、そして幾多の戦争を経て第二次世界大戦後のいわゆる平和国家の時代へ。そして戦後の「高度経済成長」、その歪みが人間の内面的精神生活におよびつつある時期から、〝妖怪願望〟の機運が醸成されつつあるなか、昭和四十年(一九六五)水木しげる氏の「ゲゲゲの鬼太郎」をはじめとするかずかずの妖怪漫画が評判をよんだ。この「ゲゲゲの鬼太郎」はザシキワラシ(座敷童子)を原型とするものであり、「一反木綿」とかさまざまな妖怪が集合して人気をよんだ。

経済の低成長がさらに現実のものとなる昭和五十三年には「口裂け女」が世上を賑わせ、夕暮れどきの学校帰りや塾への行き帰りに、耳元まで裂けた口の女がニヤリと笑いながら小学生を追いかけ回すので、おびえきった子供のなかには登校拒否、塾通いを拒否するものも現れ、これは昭和五十四年までに全国に拡大していった。そしてしばらく時を置き平成五年（一九九三）、全国の学校の女子トイレにでるという「トイレの花子さん」が話題となり、小学校の怪談ブームが起こり、この時期から妖怪は大人の世界にも歓迎されるようになったのである。

こうした世情のなかで、妖怪とは何ぞや、妖怪と人間はどう関りをもったのかとの思いを巡らせて、その一端を『暮しの中の妖怪たち』として、昭和六十一年七月文化出版局より世に問うたが、平成二年に版を新たに文庫本の体裁で河出書房新社から刊行された。それから二十余年、今また不景気を実感させられるような世情となり、妖怪が世の関心を得るようになったので、ここにまた前著を増補改訂して版を新たにして出版する機会に恵まれた。乞御了承。

増補改訂暮らしのなかの妖怪たち／目　次

Ⅰ　暮らしのなかの妖怪たち

Ⅱ　妖　怪——その聖と俗——

I　暮らしのなかの妖怪たち

1　妖怪の王者

鬼（精霊の化身）

妖怪としてもっとも活躍したのは鬼と天狗で、この両者はなんといっても妖怪の両横綱である。この両者がわが国で人びとの眼前に現れるのは、奈良時代を少しさかのぼったころである。『日本書紀』に、舒明天皇九年（六三七）二月、大きな星が東から西に流れ大きな音を響かせたとき、人びとは流星とか地震とかいったが、時の代表的有識者・僧旻《みん》がそれは天狗であるといったという。また斉明天皇七年（六六一）七月に、天皇の御大葬を朝倉山の上から鬼が大笠をかぶって見ていたと記されている。しかしこの時代には、まだ天狗も鬼も多様な動きをしていない。奈良時代になって、これらが具体的に人間と接触して、さまざまな動きをして人びとの思考をふくらませていく。

奈良時代に、大和（奈良県）十市郡菴知村（橿原市十市町）の東に大金持ちがいた。その娘万之子にはまだ良縁がなかったが、ある男が縁談を持ち込み、結納に色絹を車三台持ってきて、ついに一夜の契りを結んだ。その夜哀れにも娘は頭と指とを残したのみで、体はみな食われてしまい、男の姿も影も見えなかった。これは鬼に食われたのであると『日本書紀』は語っている。このときの鬼は過去の死霊・怨霊《おんりょう》であるとされていて、このころから鬼は人間を食う恐ろしい妖怪という考えが広まり、ずっと後世まで伝わるのである。同じく『日本霊異記』には、奈良元興寺《がんごうじ》の悪奴の霊鬼が、鐘堂で鐘をつく童子を毎晩殺したという話を載せている。そして、のちに道場法師と呼ばれる大力の童子がその鬼を退治したが、そのときの血の跡をたどってゆくと悪奴を埋めた十字路まで続いていたという。ここでは悪奴すなわち怨霊が鬼に化して人をとり殺すと信じられている。しかもその鬼を退治したのは道場法師である。道場法師は山伏の原型である。したがって、山伏は鬼そのものではなく死霊の祟りを退治した、またそうした悪霊を鎮魂する呪力をもったものと意識されていたことがうかがえる。

『伊勢物語』にもこうした人を食う鬼の話がある。昔、幾年も通い続けた男が、ようやくのことで想う女を盗み出して芥川のほとりまできた。雷雨が激しくなったので、戸締りのない蔵を見つけて、これが鬼の家とも知らずに女を奥に入れ、自分は弓矢を持って入口で番をしながら夜の明けるのを待っていたが、そのうち女は鬼に食われてしまった。

光孝天皇の時代に、武徳殿の宴の松原を若い三人の女が歩いていた。八月十七日の夜だったので月の光が明るかった。松の木の下に佇《たたず》んでいた男がでてきて、一人の女の手をとって木陰に

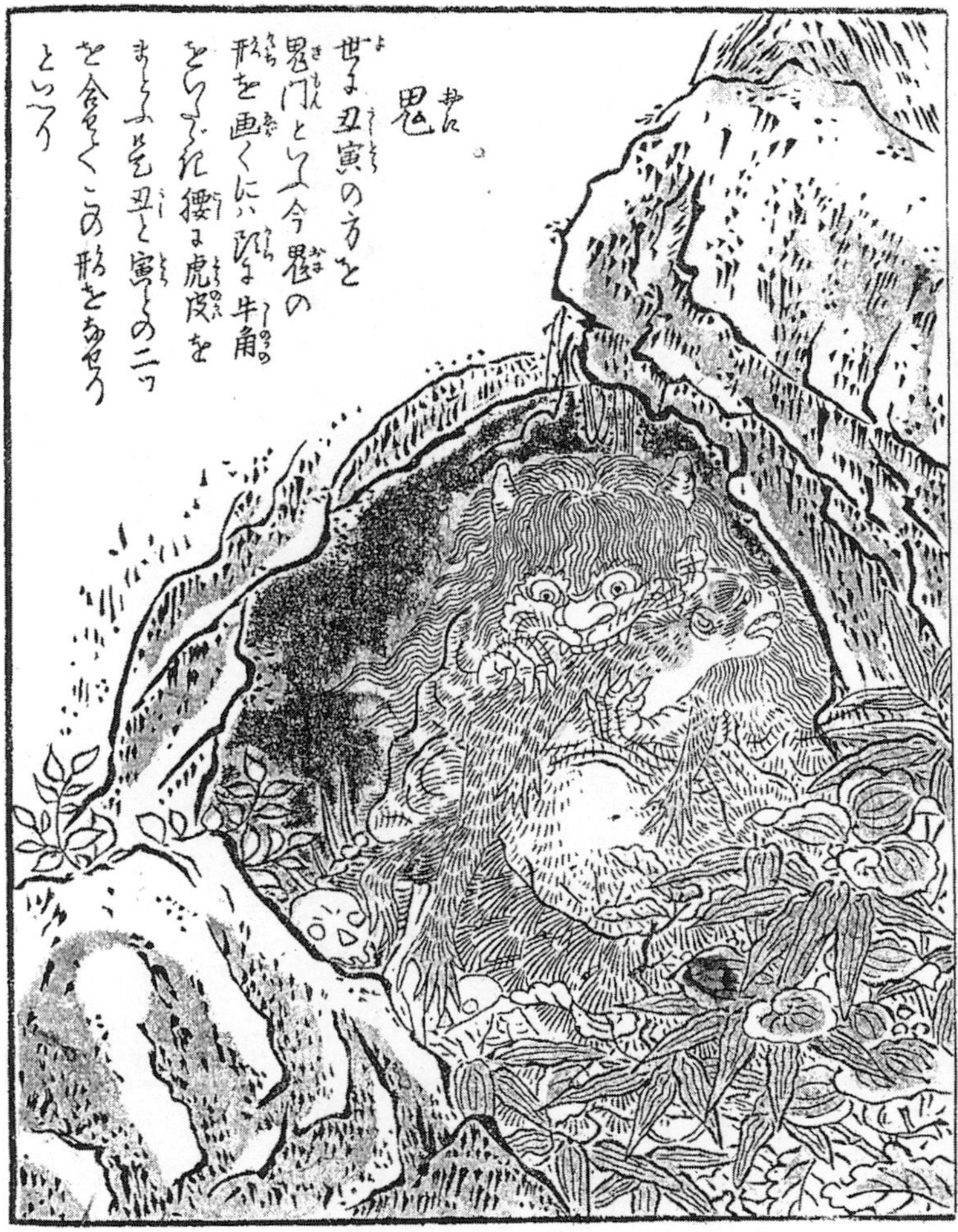

図1　鬼（『画図百鬼夜行』より）

連れ込んで話をしていたので、ほかの二人は話が終わったらでてくるだろうと待っていたが、いっこうに戻ってこない。近寄ってみると、男も女の姿もなく、そこには女の手足がばらばらに残っているだけだった。驚いた二人の女は、衛門の陣に駆け込んで事の次第を告げたので、陣の男たちが駆けつけたが、やっぱり手足が残っているだけだった。これは鬼が人間の姿になってでてきて女を食ってしまったに違いないと噂しあったという話が『今昔物語』に記されている。

謡曲「安達ヶ原」に現れる鬼は人を食う鬼の代表的なものである。東北の阿武隈川の東岸、安達ヶ原の石窟に鬼女が棲んでいて、ここに宿する人を殺し、血を吸い肉を食うという事件が頻繁に起こったというのである。聖武天皇の時代に、紀州（和歌山県）熊野の東光坊阿闍梨《あじやり》という僧が回国して通りかかり、ほのかに灯が見えるので、人家と思って近づくと石窟に老婆がいた。泊めてもらうことになって、老婆は山に薪を採りに行くが、留守中に閨のなかをのぞき見てはいけないと言い置いた。阿闍梨が怪しんでのぞくと、食べられた人間の死骸が数知れず積み上げられていたので急いで逃げた。老婆が戻ると僧がいないので追いかけてきた。僧が鬼女を見て、行基作の如意輪観音像に向かって秘密の呪法を唱えると、尊像は空に舞い上がって、破魔矢で鬼女を射殺したという。鬼が人を食う話は古代・中世においてたくさんあるが、それは人びとが鬼という霊物を真剣に恐れた時代であったからである。もっともよく知られた話として「大江山の酒顛《しゆてん》（酒呑）童子」がある。

丹波国大江山（京都府福知山市大江町河守）に鬼が棲んでいて、近国のものをさらって人びとに恐ろしがられていた。池田中納言の娘がこの鬼にさらわれ、悲しみのあまり天皇に奏聞したので、天皇は源頼光に鬼退治を命じた。頼光は貞光・季武・公時・保昌を従え、山伏の姿となって大江山へ行き、酒顚童子を首尾よく退治して姫を救ったという。この物語は『酒呑童子絵巻』など絵巻物とされ、また謡曲「大江山」として語られ、近世にも人びとにもてはやされて語り継がれた。この大江山の鬼も人を食うということで有名となり、後世童謡にもうたわれたが、お伽草子《とぎぞうし》の世界では、人を食うということではあまりに恐ろしすぎるので、『酒顚童子』では人をさらうことにしている。ところで、この酒顚童子は鬼とされているが、童子といえば童形の稚児で神の化身《けしん》である。したがって、酒顚童子は山の神の化身と考えられるのである。もともと山には先住の神として山の神がいたが、比叡山の場合、そこへ伝教大師最澄が現れて開山した。この山の神というのは、山の麓に住む人の祖霊が山中他界にとどまってなった神であり、この祖霊は恩寵と懲罰の二面性をもつものである。大師や仏教に帰依したものは仏法の守護神、すなわち「護法善神」となるが、帰依《きえ》を拒んだり開山に不平をもつ山の神が、比叡山を離れ、都に近い大江山にこもったのである。ここで童形《どうぎょう》となるのは、純真無垢の子供こそが神霊の憑坐《よりまし》となりうるという日本の信仰からである。この怨みをもった酒顚童子を退治するのに、頼光以下山伏の姿になって行ったというのも、さきの元興寺の話と共通するものである。

ところで、鬼の姿を人びとはどのように見たのであろうか。法隆寺に伝わる飛鳥時代の玉虫厨子に描かれた鬼は、鬼の図で最古のものとされているが、それには裸体に褌《ふんどし》を締めて羽が生えている。しかし平安時代になると、『今昔物語』にでてくる鬼は、「面は朱の色で、円座のごとく広く、目は琥珀に似て、頭の髪は蓬《よもぎ》のごとく乱れ、身の毛もよだつような感が起こる」と記されている。

『宇治拾遺物語』には、「身の丈七尺ばかり、身の色は紺青で、髪は蓬のごとく青く、胸骨は突出して、脛は細く」と記されている。鎌倉時代になると、『古今著聞集』には「身の丈八、九尺、髪は夜叉のごとく、身の色は赤黒く、眼は丸くして猿のごとく、裸で蒲を組んで腰に巻き、六、七尺の杖を持っている」と記されている。

絵画に描かれた鬼を見ると、平安時代の『政事要略』では、毛深いが人間と同じ格好で褌を締めている。そして『地獄草子』の絵を見てもまだ角はない。こうしてみると鬼の姿は、当初まだ人間とあまり変わらぬ姿で裸体であったことがうかがえる。『餓鬼草子』『北野天神縁起絵巻』『春日権現験記』なども当時の文献に記されたのと同じようなものであるが、室町時代末期に至って、鬼の姿が大きく変わって多様になる。『拾遺お伽障子《ぼうこ》』などには、「毛赤く、両の角火のごとく、あるいは青き毛生えて翼ある者、または鳥の嘴《くちばし》ありて牙くい違い、または牛の頭、獣の面にして、身の色赤きは紅のごとく、青きは藍に似たり、目の光は雷のごとく、口より火焔を吐く」と記されている。絵画でもこれに似ていて、『大江山絵詞』の鬼は、顔の口のあたりがはなはだしく突出していて、天狗のようであり全身には衣服を着したものが多い。あるいは毘沙門のような服装に鉄棒を持っているものもある。

鬼はまた変幻自在にその姿をかえる。『今昔物語』にある武徳殿の松原にでて女を食った鬼は、美しい男子になって現れた。承元元年（一二〇七）六月二十七日未刻に現れた鬼は衣装を正して厳《おごそ》かにでたが、身の丈が一丈（約三メートル）もあったので鬼と知られたという。また女に化けることも多い。『太平記』の「大森彦七事」にでてくる鬼は美女であった。

南北朝時代に一族あげて足利尊氏に仕え、建武三年（一三三六）細川定禅に従って南朝の忠臣楠木正成と戦い、これを破り正成を湊川に自刃せしめたという伊予（愛媛県）の人大森彦七が、伊予国金蓮寺《こんれんじ》の猿楽を見に行く途中、一人の美女にであった。これを背負って猿楽の楽屋に赴くと、美女がにわかに鬼形となり彦七を脅したので、これを退治したという話。また『太平記』にも見え、謡曲「羅生門」にも語られる渡辺綱の羅生門の鬼退治では、綱の伯母に化けている。源頼光の四天王の一人渡辺綱が、羅生門に棲むという鬼の実否を見届けに行ったとき、後ろからなにものかが兜の錣《しころ》をつかんだ。綱が頼光からもらった太刀を抜いて斬り払うと、残ったのは鬼の腕で、妖怪は雲中に姿をくらました。帰って安倍晴明の勘文《かんもん》によって、精進潔斎してこもっていると、綱の伯母に化けた鬼がその腕を取り返しにきて、天井の煙出しから逃げたが、首を切り落とした。これによってこの太刀を「鬼切丸」と名づけたという話。

謡曲「紅葉狩」で知られる信州（長野県）戸隠山鬼神退治の話も鬼が美女に化けている。ある上臈《じょうろう》が侍女を伴って紅葉を眺めているところへ、鹿狩りをしていた平維茂がきあわせる。上臈は維茂に酒をすすめ舞をまって見せ、維茂が酔ったのを見すまして立ち去る。そこへ男山八幡の末社神が現れ、今の女は鬼神であると夢で告げ知らせたので、維茂は驚いて目を覚ましあたりを見ると、女は鬼女の姿になって維茂につかみかかろうとしている。維茂は騒がず八幡大菩薩に祈念しつつ剣を抜き、鬼女を退治したという。

鬼はまた小児に化けることもある。『拾遺お伽婢子』によると、小石伊兵衛尉という人が、妻とともに山に入った。妻が山中で出産したので童女に子守をさせた。ところがこの童女の口がにわかに大きく耳まで裂けて、赤子の頭を口に含み、なめるように食ったので、伊兵衛尉は驚いて刀をふるったが、斬ることができなかったという哀れな話である。

鬼は人を食ったりさらったりする恐ろしい妖怪であるが、昔話の世界になると、反対に傷めつけられたり、また恩恵を与える鬼も存在する。「一寸法師」の話などはその代表である。

昔、難波（大阪府）の里にいた子供のいない老夫婦が住吉明神に祈って子供を授かったが、異常に小さく背が伸びないので「一寸法師」とよんだ。法師は針の刀、麦藁の鞘、お椀の舟、箸の棹という支度で都に上り、三条宰相に仕えた。謀《はかりごと》をめぐらして美しい姫君とともに家をでて、鳥羽の津から難波へ船出したが、その途中鬼ヶ島に漂着してしまう。一寸法師は鬼に一口で呑まれてしまうが、手に持った針の刀で鬼の腹を突いてまわり、屈服させる。そして鬼が置いて逃げた打出の小槌で一人前の男になり、さらに金銀財宝を打ち出し、姫君と都に帰り立身出世したという話である。

これは室町時代のお伽草子に語られた筋であるが、これと同類の話が全国に分布する。母のあくと（かかと）から生まれた「あくと太郎」（青森県）、臑から生まれた「すねこたんぽこ」（岩手県）、親指から生まれた「豆助」（佐渡）、「指太郎」（岐阜県）、「豆太郎」（島原半島）、「一寸小太郎」（喜界島）など、地方によってさまざまな異称で語られているが、いずれも鬼に呑まれ、腹のなかで針をもって暴れて、宝物を持ち帰るという幸福譚になっている。

鬼は本質的には祖霊の象徴であり、悪霊を祓ってくれるものであるが、それは年中行事の諸儀礼のなかによくみられる。一例をあげると修正会《しゅしょうえ》・修二会《しゅにえ》に登場する鬼がそうである。奈良県五条市大津の念仏寺陀々堂の「鬼走り」という行事は、修正会結願の作法として行われる。この行事は庶民の年頭における先祖祭と農耕儀礼が仏教に結びついたものである。正月十四日の夜、阿弥陀如来の面をつけたカッテ役（先導役）が、火のついた松明《たいまつ》を両手で捧げ「水」の字を空中で描く。つづいて麻布の衣装をつけた赤鬼面の父鬼が、右手に斧を持って現れる。つぎに青鬼面の母鬼が槌を持ち、茶鬼面の子鬼が箒を持って現れ、それぞれ巨大な松明を抱え、力の限りに振り回す。正面と左右の三ヶ所の戸口でそれぞれ松明を振り回し、これを三回繰り返す。松明の火は堂舎を焦がさんばかりに燃え上がり、このときの鬼の跳躍・乱舞は壮観である。やがて松明の火も衰え、薄明りのなかを鬼は退いて「鬼の井戸」へ行く。そこの井戸水で松明の火を消す「火伏せ」の作法があり、鬼走りの行事は終わる。鬼の装束に巻きつけた紙縒《こより》を持ち帰ると厄除けになるといい、参詣者はわれ勝ちにそれを奪いあう。この行事は鬼が人びとの生活を守ってくれる善神であることを如実にものがたっている。

また、節分の豆まきに「福は内、鬼も内」と唱えるところがある。九州などでは正月七日の火祭を「鬼火」とか、「鬼の骨」と呼んで来訪神の性格をもち、小正月の新木《にゆうぎ》を鬼木とよんでいる地方も多い。また二月と十二月の「事八日《ことようか》」に鬼がくるという地方のあるのも、去来する年神の性格を妖怪風に説明したものである。

さらに「鬼の子孫」という伝承を持つ村があちこちにある。それは修験道の山岳地帯に多く、山の神に奉仕する山伏・山先達で超人的な能力をもっていた人たちであろうと思われる。大和大峯山系の前鬼の村（奈良県吉野郡上北山村前鬼）や後鬼の村（同吉野郡天川村洞川）などはその代表的なものである。葛城修験に属する紀州（和歌山県）紀の川市中津川は、前鬼の子孫という名分で士分を与えられ、名字・帯刀を許されたといい、鬼の子孫という伝承を誇りをもって伝えている。前鬼・後鬼というのは役 行者《えんのぎようじや》の二人の従者のことである。

天狗（山の支配者）

天狗は日本の妖怪の代表の一つである。人びとは天狗を恐れながらも、一面ではある種の親しみをもってその存在を信じた。その天狗のイメージは、一般的には鼻が高く赤ら顔で、山伏のような服装をして高下駄をはき、羽団扇《はねうちわ》を持って空中を自由自在に飛行するものとされている。こうした今日の理解にいたるまでに、じつは時代によっていろいろな天狗観・天狗像があるが、それほど人びとと天狗という妖怪との交渉は深かったともいえる。その深さというのは、山中における人びとの不安と恐れのあらわれを、一つの共同幻想として、それぞれの時代、それぞれの場面においてイメージしてきたからである。そのことは、逆にいえば天狗の姿の具体的イメージが欠けているということであり、山中におけるさまざまな怪異的現象が、天狗のなせる業だと幻想したということである。それだけ天狗というものが超自然的な存在で、超越した妖力をもつものとして観念されていたのである。

したがって、山野怪異伝承のなかで、天狗の行状として語られる伝承はきわめて多く、また多種多様にわたる。その一つに、深夜に鋸や斧で木を伐り倒す音が聞えるので、翌日そこへ行ってみると木を伐り倒した跡がまったくなかったという「天狗倒し」の話がある。寛政年間（一七八九〜一八〇二）加賀（石川県）大聖寺《だいしょうじ》藩主前田利考《としやす》が、宿衛の諸士を集めて語らせた妖怪談をまとめた『聖城怪談録』に、盲人養順がまだ盲目になる前に高塚村（加賀市高塚町）の百姓をしていたとき、二、三人連れだって菩提領境へ薪を伐りに行った。遠いところなので小屋がけして泊まっていると、夜中、小屋に礫《つぶて》を打つものがあり、また刃物を研ぐ音も聞え、そのうちに木を伐る音も聞えてきた。皆が驚き、これはかならず天狗の仕業であると怖がり、じっと隠れていた、と記されている。

埼玉県飯能市の嶬《ぶな》峠の裏の椚《くぬぎ》平や久通《くづう》、栃尾谷の上の四本松とよばれる山などで、山仕事に行って山小屋に泊まっていると、外で木を伐ったり、それがドカンと倒れる音がさかんにするが、

図２　天狗（『画図百鬼夜行』より）

朝になってみると、小屋の周りにはどこにも木が倒れていなかったということがよくあったという。こうした話はどこでもよく聞かれ、「天狗倒し」と人びとはよんでいる。群馬県吾妻郡中之条町でも、猟に行ったり曲げ物の材料を採りに山に入ったときなど、鋸をひく音や木を倒す音をよく聞くことがある。これも天狗の仕業であると伝えている。

奈良県吉野郡天川村でも、昔はよく山でゴチゴチと木を伐る音がした。ある月のよい晩、外へでて聞いていると、ゴチゴチ木を伐る音がして、やがてカンカンと木にくさびを打つ音がし、ついで木の倒れる音がした。木の倒れるのも月夜だから見えた。妙なことがあるものだと思って翌日見に行くと、何のこともなかったという。

つぎに天狗の仕業とされるものに、夜中、山中に入るとどこからともなく石が飛んでくるという「天狗の礫」の現象がある。『聖城怪談録』に載っている話では、所が大聖寺という城下町であり、しかも石礫にあたったのが、大聖寺の敷地にある菅生石部神社の神主大江相模守であったという。この神主が、ある夜外出先からの帰りに藤の木にさしかかったとき、上の山から石礫を打ってきた。足元に落下するので進めず、立ち止まってよく見たが石は一つも見当たらない。また川に石礫の落ちるのも見えたが、水波はうっているが石は見当たらない。またある夜、馬場のあたりでも足元へ礫を打たれてたいへん難儀したという。これも天狗の仕業とされている。大聖寺の城下町だけでなく、百万石の城下町金沢の繁華街にも「天狗の礫」が現れたという。『金沢古蹟誌』によると、宝暦五年（一七五五）三月、尾張町・今町に昼夜を問わず礫を打つことがは

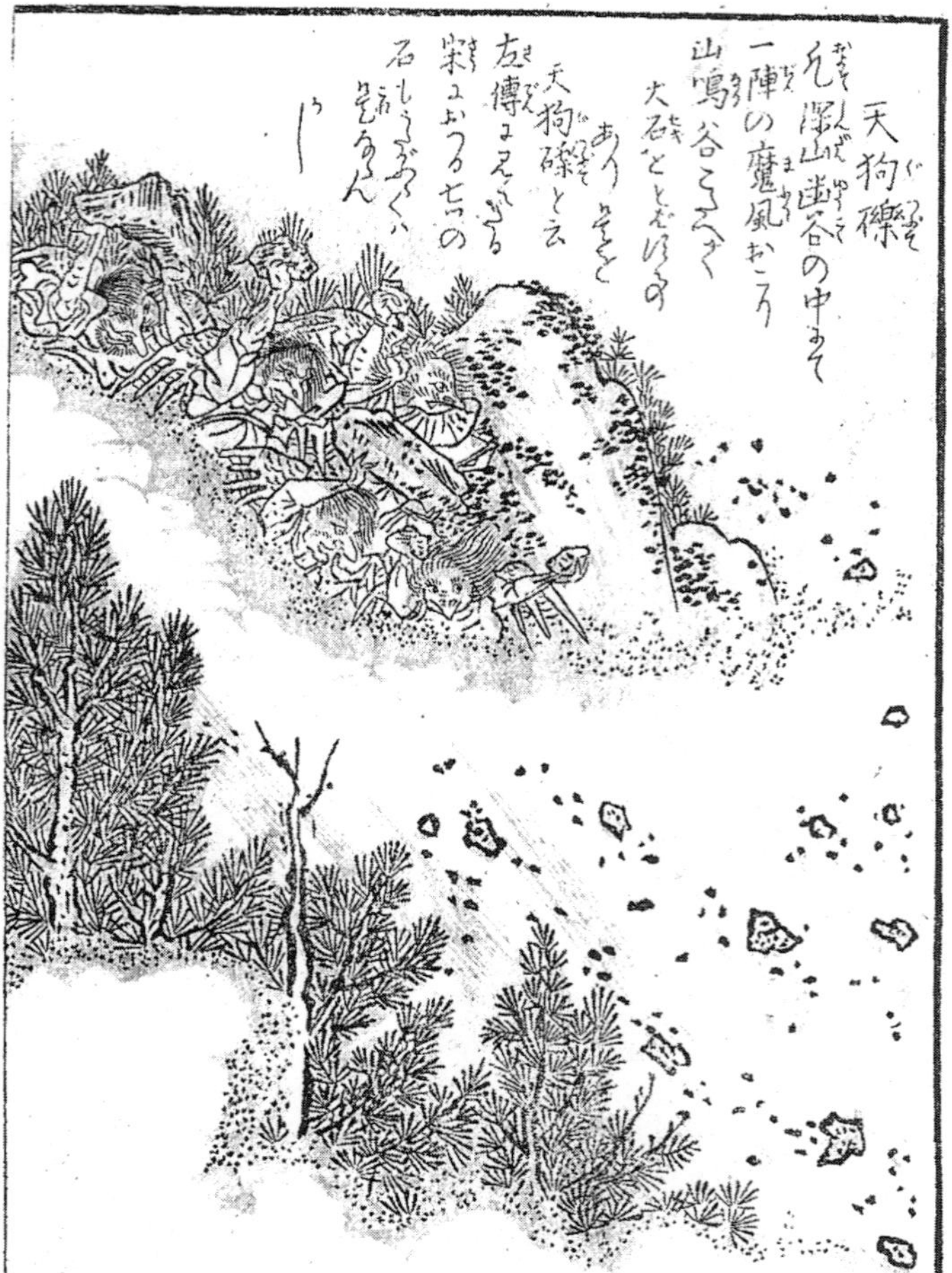

図３　天狗礫（『今昔百鬼拾遺』より）

なはだしく、それが止らないことがあった。それを天狗の仕業といい、そののちもこうしたことがしばしばあったという。

さらに、昼間でも山中で突然大声で呼ばれたり、ゲラゲラ高笑いされる「天狗笑い」がある。群馬県利根郡みなかみ町の小野京一郎という人が、土宇沢を一人で歩いていたら誰かが笑っているようだった。気にもかけずにそのまま歩きつづけると、また大きな笑い声が聞こえてきた。そこで今度はこちらから笑い返したら、前にもまして大きな声で笑ってきたので、気味悪くなって逃げて帰ったという。神奈川県津久井郡相模湖町の井草長五郎という人が、ある夜、石老山を通ったら上のほうからゲラゲラと笑われて腰を抜かし、ついに患った。愛知県南・北設楽郡で昭和のはじめ、五十格好の女性が、雪の積もった朝、水汲み桶を提げて戸口にでると、すぐ目の前にそびえる亀の甲山の頂上から、途方もない大きな声でアハハハと高笑いしたものがあった。まだあたりがやっと明るくなったばかりなので、人の声ではない。天狗の声だろうと人びとはいっていたが、それから三、四日すると、その家の亭主が突然死んでしまったという。

天狗の大笑いに類した話に、天狗が語りかけて人を怖がらせる話もある。和歌山県日高郡美浜町吉原の多七という人が、ある日用足しに行って帰りが遅くなった。松林のなかを歩いてくると、大木の下に草履がきちんとそろえて脱いであった。拾おうかなと思ったが拾うのをやめて立ち去ろうとしたところ、木の上から「多七、いい了見やなあ」という声がした。その声の主は天狗であったという。同じく日高郡みなべ町の鹿島というところには、昔天狗が棲んでいた。明治のはじめ、中瀬丈助という人が三、四人連れだってこの島に渡り、鴨網を張って帰りの舟に乗ると、突然島の森のなかから「待て待て」というものがあった。誰も声を出すことができず。急いで漕ぎ帰り、みなべの浜に上陸してからその恐ろしかったことをはじめて語りあったという。こうした天狗に声をかけられた話も数々あって全国に分布している。

つぎに山中で突然太鼓の音が聞こえてきたり、囃子が聞こえてくるという「天狗太鼓」「天狗囃子」の話である。群馬県安中市で、雨が降って霧があたりをおおう天気の悪い日に、オヤンザワというところに仕事に行くと、「ピイヒャラドンドン」という笛・太鼓の音がどこからともなく聞こえてくる。この音は誰彼ということなく聞いているという。群馬県吾妻郡中之条町では、天狗の太鼓は一本バチでポンポンとなるという。岐阜県揖斐郡揖斐川町では、奥山でポンポンと太鼓を叩く音がし、この音を聞くと天気が変わり雨が降ってくる。ときには法螺貝の音がすることもあるという。金沢市神野町の須天八幡神社境内には「天狗松」と称する古松があって、夜中にそこから笛や太鼓の音がしばしば聞こえてきたと伝える。石川県白山市白峰大道谷には、天狗が棲んでいるという絶壁があって、そこでも時おり太鼓の音がするので、その絶壁を「太鼓壁」と称している。白山市白峰の下田原川の岸にそそり立つ絶壁でも、気候の変わり目には天狗の太鼓の音がよく聞こえたという。こうした天狗の囃子は、気候の変わり目や天気の悪い日に聞こえるという話が多い。

夜中に明かりをつけたり、火の玉を飛ばしたりする「天狗の火」の話もある。鈴木重光の『相州内郷村話』には、神奈川県津久井郡相模湖町で、夜中、川に漁にいくと、真っ暗ななかを大きな火の玉が転がることがある。このとき河原の石の上を洗い浄め、獲れた魚を供えると火の玉の転がるのが止まる。また、投げ網を打ちにいくと、姿は見えないが、少し前で同じく投げ網を打っていくものがいる。また大勢の人声や松明の火がさかんに見えるが、誰もいない。ここではこれを「川天狗」と称している。早川孝太郎の『三州横山話』には、明治三十年ごろ、愛知県新城市長篠の早川徳平の家に奉公していた留吉という男が、朝早く草刈に行こうとすると、満天の空で向かいの出沢村のフジウという山を灯が一つグングン登っていく。ふっと二つになったかと思うと、つぎからつぎへと増えていって、しまいには山一面に火となり、いつとはなしに一つとなり燃え上がったという。また、『愛知県伝説集』には、愛知県北設楽郡津具村の折元峠と、その西の天狗棚との間に不思議な火が現れ、たくさんに分かれたり、一つに固まったり消えたりする。人びとはこれを天狗といっていたという。

山小屋の自在鉤を揺さぶったり、山小屋自体までガタガタ揺する。さらにはふだん住んでいる家まで揺するという「天狗の揺さぶり」の話もある。埼玉県比企郡では、天狗が家を揺さぶるのは珍しいことではないという。弓立山近くの山入というところで、夜、山小屋を揺さぶるものがいる。窓からそっとのぞくと、赤い顔をした大男がいたので、驚いて山の神さまにお祈りして夜を明かしたという話が伝わっている。

ところで、早川孝太郎の『三州横山話』に、愛知県新城市東部の三作という木挽きが仲間八人と山小屋にいたとき、深夜、酒二升を買ってきて石油のカンを叩いて拍子をとり乱痴気騒ぎをした。すると山上から石を投げ、岩を転がし、小屋を揺さぶり、火の玉を飛ばし、まわりの木を倒す音がした。一同酔いがさめ抱きあって生きた心地もしなかった。夜が明けてみれば木一本倒れていない。天狗の悪戯《いたずら》であったという。この話は天狗倒し・天狗の礫・天狗の火・天狗の揺さぶりが一挙に現れたもので、興味深い話である。

これらの話は、だいたい天狗の仕業とされる代表的なもので、全国津々浦々に少しずつ話をかえて伝えられている。

こうした天狗の仕業は人に大きな恐怖を起こさせるが、直接人命に危害を加えるというものではない。しかし、なかには人命をも奪う仕業をする場合もある。柳田國男の『遠野物語』には天狗の話が三話あるが、そのうちの一話はつぎのとおりである。松崎村の天狗森という山で、力自慢の若者が仕事に疲れて居眠りをしてしまった。気がつくと赤ら顔の大男が現れて見下ろしている。誰かと問うても返事がない。それで突き飛ばしてやろうと飛びかかっていったものの、逆に一突きで突き飛ばされて気を失ってしまった。夕方、正気づいてみれば、その大男はすでにいなかった。その年の秋、早池峰《はやちね》の腰へ村人が大勢で萩を刈りに行き、さて帰ろうとするころになると、この男だけ姿が見えない。探してみると深い谷の奥で、手も足も一つ一つ抜き取られて死んでいたという。

ところで、天狗の仕業のうち、もっとも恐れられ、かつ罪深いのは神隠し・人さらいである。

この「天狗隠し」の伝承は、天狗伝承のなかでも代表的なものの一つである。子供や若者、ときには老人が突然姿を消し、数ヶ月あるいは数年後に戻ってくるというもので、その間天狗の棲処《すみか》に連れて行かれたとか、名所旧跡を見物したとか、異常な体験が語られる。こうした伝承は天狗の棲処とされる山や樹木の伝説に付随して語られている。柳田國男の『山の人生』にはつぎのような話がある。石川県小松市遊泉寺町の伊右衛門という老人が神隠しにあった。村中が手分けして捜しまわった結果、隣の集落との境になっている小山の中腹の「神様松」という傘の形をした松の木の下で、青い顔をして坐っているのを見つけたという。村人がこの老人を捜し歩いたとき、「鯖食った伊右衛門やーい」と唱えた。天狗は鯖をもっとも嫌がるから、こういえばかならず隠したものを出すという。

石川県小松市南部の樵夫《きこり》利兵衛の子で、神童といわれた次郎が突如として姿を隠し、ついに発見できなかったので、仮に葬儀をした。それからのちは山中で太鼓の音がし、伐り倒した老杉が空中に浮かび、大石が落下し、山地が崩壊するという怪異が続いた。ところが一月ほどのち、次郎が父の枕辺に立って、自分は白髪の老人に伴われて巌窟のなかで生活している。人間は天狗の世界を侵してはならないと告げて姿を消した。これを聞いた父利兵衛はたいへん恐れて、ついに樵夫をやめて立ち去り、これまた行方知れずになったという。

天狗にさらわれたのとは異なり、みずからすすんで天狗になることを念じ、ついに天狗になったという話が、『金沢古蹟誌』にみえる。加賀藩の老臣本多氏の家老篠井雅楽助《うたのすけ》の若衆が、天狗化生の祈念をしてついに念願がかない、ある日煙のごとく姿を消した。その後主人雅楽助の夢枕に現れて、奉公中のお礼として馬の鞍とお守りを差し出した。このお守りは天狗にさらわれたとき携えて本人を探せば、かならず発見できるという霊験のあるものだが、効能の期限は七代限りという。さめてみれば鞍は庭の楓の枝に掛かり、お守りは枕辺にあった。それからは金沢市中で子供を天狗にさらわれたものは、このお守りを請けて探すとかならず見つけることができたという。

この話は一面では天狗の神隠しであり、一面ではお守りを授けて恩法を施すという話である。天狗の仕業には人に危害を加えたり怖がらせたりする反面、恩法を施す一面をもっている。それは天狗と人間の交流の深まったことをものがたる。石川県白山市成町の円八という人が、ある夜天狗にさらわれたが、数年後に飄然と帰ってきた。そして天狗の秘伝だというアンコロ餅を製造して繁盛し、子孫相伝して今日に及ぶという。こうした話も各地にずいぶん伝えられるが、このほかに天狗に剣術を学んだとか、大力を与えられたとか、超能力を授けられたという話も多い。

また、このように直接恩恵を受けたのとは異なるが、天狗を敬ったために家業が繁盛したとか、災難を免れたという話も随所に伝わる。柳田國男の『遠野物語拾遺』に、岩手県遠野市土淵町飯豊《いいで》の今淵家で、仏壇に灯明をあげたままみな畑にでてしまったあと、灯明の火が燃え移ったが、幸い大事にはいたらなかった。仏壇の同じ棚のなかに掛けてあった古峰《こぶ》さまの軸物だけはそっくりそのまま残っていて、火を消してくれたのもこのお札のおかげだという。ちなみに古峰さまは天狗を祀るという。こういう話は昔からいろいろあったのである。

ところで、天狗はまた愛嬌のある、ときにとんまな存在として人びとの間に語り伝えられている。それは笑話のなかに登場し、人間によって容易に欺かれてしまう愚者となっている。博奕を打って負けたり、天眼鏡や竹筒・穴開銭などによって、江戸・大坂・京などが見えると騙されて、隠れ蓑、笠を取られてしまったり、鼻の高くなる団扇や小槌などの呪具を騙し取られてしまう話となっている。これらは天狗の零落した姿ともみることができる。またそのためにこそ人間と親しみが生まれたのであった。

こうしてみてくると、天狗というのは人間界と隔絶した山に棲み、山の支配者として人間から畏怖される超自然的な存在であった。そして全国に存在する天狗松・天狗杉は天狗の棲処とされるが、それは神が降臨する依代《よりしろ》であり、天狗がある種の神として信仰されていたことをものがたるのである。天狗が人間に対して恐怖・危害を加える所業は、人間がそこを犯したことに対する報復でもあった。この天狗がしだいに人間と交渉を重ねるうちに棲処を里にもつようになり、そこから人間に近づき、しまいには笑話に語られるような人間よりも劣った道化的な存在になり、零落してしまった。そうした過程で、天狗が時おり里におりてきて超人的な験力をあらわすところから、山中で想像を絶する苦行をする山伏とイメージが重ねあわされ、天狗山伏なるものが形成されてきたのであった。こうしたところから、天狗の姿そのものもいろいろイメージされるようになった。

天狗という言葉がはじめて現れるのは、『日本書紀』舒明天皇九年二月二十三日の条に、僧旻が「天狗」といったという記載であるが、具体的な天狗像はそののちも現れず、平安中期の『今昔物語』にいたって、空中を自由に飛行する、仏・僧・聖人に変化したり、人に憑く、山中を棲処とするなどの性格が描かれ、それが正体を現すとき「屎鵄《くそとび》」すなわち鷹とされるようになった。そして『太平記』には怨霊とされる天狗や山伏天狗が登場してくる。『太平記』の時代は修験道がその独自性を主張する時代であり、ここから仏教の異端としての修験道と天狗の信仰が習合し、今日一般的にイメージされる天狗、つまり鼻高で赤ら顔、山伏姿で高下駄をはき、羽団扇《はねうちわ》を持って空中を自在に飛行する天狗像をつくり上げ、そうしたイメージを人びとに植えつけたのが山伏たちであったと考えられるのである。

河童（水の精）

河童ほど人びとに親しまれ、もてはやされている妖怪はない。女児の断髪を「お河童」といい、泳ぎ上手の人を「河童」という。少しも気にかけないこと、平気なことを「屁の河童」という。寿司のなかにも「河童巻き」というのがある。あれやこれや日常生活のなかで「河童」という言葉はよく使われているし、「祇園さんまでに池に入ると河童に肝《きも》を抜かれてしまうぞ」といわれ、いろいろの河童噺が夏の季節感を盛り上げる。かつては河童の見世物もあったし、夏祭に男児が河童の面をつけて遊びまわる風もあった。

それほど河童は世代を超えて、また地域を超えてなじみ深い妖怪であった。それで各地各様に親しみをもってよばれており、今、河童の方言をあげるとおそらく百を超えるであろう。そのなかでおもな呼称をあげると、今や標準語化しているカッパが、関東地方を中心に、東北地方ならびに甲信越・東海地方に分布し、北陸地方はガメ、近畿地方はガタロウ・カワタロウ、四国・中国地方はエンコ、九州地方はガッパという言葉が分布している。

ところで、河童はどんな姿をしているのであろうか。河童を見たという人は大勢いて、石川純一郎氏の『河童の世界』にも幾例かその話が載せられている。青森県五所川原市金木町神原の婦人が、ある年の盆過ぎに川狩りに行ったところ、夕闇せまる金木川の河畔にちょうど仔猿のようなものが丸くなってしゃがんでいた。近所の子供かと思って咳払いすると、振り返ったその顔は真っ赤であった。とたんに体中がザワザワしたという。また、弘前市種市の老女が弘前市新岡の実家で田植えをしていたとき、川端の柳の木の下に河童がいるのを見た。赤い猿面で髪は長く茶色で、猫目をしていたという。

『遠野物語』には、岩手県遠野の佐々木喜善の曾祖母が、幼いころ友だちと庭遊びをしていたところ、この家を取り巻く胡桃の木の間から、真っ赤な顔をした男の子がのぞくのを見たという。川岸の砂の上に河童の足跡というものを見ることは珍しくなく、雨の日の翌日などはことに多く見られた。猿のそれに似て親指が離れ、長さは三寸（約九センチ）たらず、指先のあとは人のよ

図４　河童（『画図百鬼夜行』より）

うにはっきりとしていないという。

こうした河童を見たという話は数多いが、もともとはやはり空想や幻覚で実体はない。しかし、かつての人たちもそれなりにイメージを描いていた。『日本山海名物図会』は「形五六歳の小児のごとく、遍身に毛ありて猿に似て眼するどし」として、猿のように総身に毛の生えた河童絵を載せている。また『幽明録』には、「水蝹、一名を蝹童とも水精ともいう。裸形の人身をしており、丈は三〜五尺（約九〇〜一五〇センチ）で大小不同、眼耳鼻舌唇をみな具備し、頭上に一盆を戴き、水を受く、水を得れば勇猛だが水失えば気力がない」と説明している。

このように河童は人間の形をとるものと多く伝え、また語られているが、描かれた図によると動物の形をとったものもある。したがって、河童の姿態は人間の形をとるものと、動物の形をとるものとの二種類があった。その際、人間の形をとったものは、頭に皿をいただいた童髪の子供であり、動物の形をとったものは、甲羅を背負っているのが特徴である。

ところで、河童は馬に目がない。水辺に馬を曳いていくと、水中から河童がでてきて馬を水中に引き込むという、いわゆる「河童駒引譚」は古くから各地に伝えられている。『遠野物語』には、つぎのような話がある。岩手県上閉伊郡の遠野盆地を流れる小鳥瀬川の姥子淵のほとりに、新屋とよばれる家があった。ある日その淵へ馬を冷やしに行き、馬曳きの子が遊びに行った際に、河童がでてきて馬を引き込もうとした。しかし、あべこべに厩へと引きずり込まれ、馬槽をかぶっていた。家人が伏せてあるのを怪しんで馬槽を少しあけてみると、河童の手がでた。村中のものが集まって、どう処置するのかを話しあったが、今後は村の馬に悪戯をせぬという約束をさせて放した。その河童はこの村を去って柳沢の淵に棲んだようだという。

これに類した話は各地に伝わり、河童は馬を引こうとするが失敗して、逆に厩に引きずり込まれ、人間に捕らえられてしまう。そして詫びをいれて放してもらうという、きわめて愉快な話である。水のあるところにいれば河童は馬を引き込むほどの大力を持っているが、跳ね上がる馬のあおりをくったりして、頭の皿の水をこぼしてしまうと力をなくして、ついに馬に引きずられ、人間に捕らえられてしまう。しかしそんなとき何かの拍子で水を得るとふたたび力を発揮して逃げるのである。熊本県天草市天草町大江の農夫が、田圃の泥で汚れた馬を川で洗い流してやって、岸の木につないでおいた。そこに現れた河童が手綱を持って引っ張ろうとしたので、馬は一目散に厩へ逃げ帰った。農夫が追いかけて行ってみると、手綱の先に河童が巻きついているので、捕らえて厩の天井に吊るした。あくる日下男が馬にやる水をもって行くと、河童がしなびているので水をかけたら、たちまち勢いづいて縄を切って逃げてしまったという話が『天草島民俗誌』に記されている。これと同種の話もまた各地で伝承されている。

しかし、河童は水による威力を失って人間に捕まったとき、馬には危害を加えないという約束をして放たれるが、詫証文なるものを書いて許される話もきわめて多い。福井県三方郡美浜町佐田の吉岡家の先祖が、ある日の夕方、牛を海辺に連れて行って水浴びさせようとしたが、その日にかぎって海に入ろうとしない。そこでやむなく波打ち際で牛の体を洗っていると、しきりに後脚を跳ねる格好をする。それでお経を称えはじめると、五、六歳のお下げ髪の子供が牛の後脚を引いているのが見えるので、これを捕らえてしばりあげた。これは織田浜に棲む河童で、祇園祭のうちに人畜の尻子玉を祇園さまに供えなくてはならないが、まだ一つも取れないのでこの牛を取ろうとしたと白状した。怒って打ち殺してしまおうとすると、今後は織田浜では決して人畜に危害を加えないから許してくれと謝る。そこで証文を書かせようとすると、今は筆も硯も持ちあわせていないから明朝届けるといって立ち去った。そして明くる朝、吉岡家の門口に一枚の証文と鮮魚がおいてあった。その証文は水に映せば判読できるといわれている。

こうした「河童の詫証文」の話も全国各地に伝わり、その現物というものを持っている家もある。この詫証文を入れるとともに、許してもらうために秘薬・秘術を伝えていくこともある。茨城県桜川市岩瀬に真木という家がある。この家の先祖が牛久沼を通りかかったときに、河童の指が落ちているのを見つけて持ち帰った。すると折れた指をなくした河童が夢枕に立って、返してくれるように頼んだが、そのまま聞き流しておくと、今度はよく効く秘薬を伝授するから、それと引き換えに指を返してくれという。そこで河童の願いを叶えてやり、傷の万能薬の製法を得たという。この薬を「岩瀬万応膏」といい、今も出されていて、その効能書に「化膿せる切り傷、はれものに効能あり」とある。長野県伊那市伊那の中村家で、四十年ぐらい前まで出していた「つうふうの妙薬」というのも河童に授けられた妙薬であるという。こうした河童の秘薬伝授の話も各地に伝わる。

ところでさきの岩瀬万応膏の話のように、河童は馬だけでなく、牛も水中に引き込もうとするし、人間も水中に引き入れようとする。それで祇園祭の日までは絶対に川や池に泳ぎに行ってはいけないという戒めが各地にある。それまでに池や川に入ると尻子玉を抜かれるという。屋久島では人がおぼれて死ぬのは、河童に尻子玉を抜かれるためであるとさえいう。この河童は胡瓜が好物であるというが、それは人間の味がするからだという。祇園さんの日には胡瓜を沼や川に流して河童にやるとよいということは全国的に伝えられている。

女の尻をなでるのもまた河童の天性である。筑前（福岡県）博多に昔、鷹取雲松庵という人がいた。その女房はたいへん美人であったという。ある夜のこと、この女房が厠《かわや》に行くと、穴から薄黒い手を伸ばして尻をなでる怪物がある。翌晩も怪物が現れて尻をなでるので、隠し持った脇差でその腕を切り落とした。すると怪物は悲鳴をあげて逃げ去った。泥亀のそれのように水掻きのついた河童の腕であったという。この話には後日譚があって、それから毎晩河童が手を返してくれと頼み、その代わりに接骨の秘伝を授けた。この河童伝授の療法で、雲松庵は接骨医として繁盛したという。

河童はまた人を見るとむやみに相撲をとりたがる。その際、河童は一匹ではなく何匹もでてくるらしい。屋久島などで、一人で大勢を相手にする相撲を「ガラッパ相撲」といっているが、これは「河童相撲」の意であろう。筑前（福岡県）八女郡広川町の高間堤に若い衆がさしかかったとき、皿をかぶった小童が現れて行く手をさえぎり、相撲をとって俺に勝たねばここを通さないという。村相撲で土つかずというこの若い衆は、小童に組み付いて力まかせに投げ飛ばした。そして通り抜けようとすると、つぎからつぎと新手がでてきて、その数は十七、八匹にもなった。そこで若い衆は河童を追い払う呪術を思い出し、手に唾をして身構えると小童は逃げ失せたという。肥前（長崎県）五島市福江町に、昔、松島某という力持ちがいた。この男がある日一里川の石橋を渡ろうとすると、橋の上で河童が五、六匹相撲をとっている。根が相撲好きのその男は、その場に飛び込んで河童に挑戦した。男はつぎつぎと勝ってついに河童の腕を一本引っこ抜いた。その晩から腕をとられた河童がやってきて腕を返してくれと頼むので、幾晩目かに返してやると、お礼のしるしとして大きな青石を門の側においていったという、河童が人間に負けた話も数多い。

しかし、たいていは河童のほうが強いのでそれを負かすのにいろいろと人間は知恵を働かせた。河童は頭の皿に水があることによって威力をもつものなので、河童と相撲をしなければならなくなると、かならず相手とお辞儀をしてからにするとよい。河童が頭を下げた拍子に皿の水がこぼれて霊力をなくしてしまう。河童に逆立ちをして見せることもよい。河童がまねをして水をこぼしてしまうからという。熊本県ではこうしたことをよく子供に教えたといわれる。また、河童は仏飯すなわち仏さまにお供えしたご飯をたいへん嫌うし、鉄などの金属類もおおいに忌むので、河童と出会いそうなときは、仏飯をもらって腹ごしらえしてでるか、鎌などを携えて行くとよいといい、功を奏した話がたくさん伝えられている。

河童の話となると、河童が馬を引く話が主流を占め、一つのパターンとなっているが、この馬を河童から守るのがほかならぬ猿である。猿は馬の守護神とされ、すでに平安時代の歌謡集『梁塵秘抄』に「御厩の隅なる飼猿は絆はなれてさぞ遊ぶ」と詠んでいるように、猿が厩に飼われていた。厩に猿を飼えば馬の疫病を避けることができるという信仰は古く、中国大陸においても猿を厩の守護神とする信仰が広くあった。近世において、門付芸・大道芸として人びとに親しまれた「猿回し」も、もとは正月の厩祭に、猿を回して各家の厩を回って祈禱をした習俗が零落して、芸能化・職業化したものであった。したがって、本来は猿を厩に飼ったのであるが、そう容易に猿を飼うことができなくなると、木を猿の形に彫ったいわゆる「猿形」を厩に置いて祀るようになり、この風は今も東北地方の農村にはみられる、さらにそれは簡略化されて、猿が馬を曳いている図、すなわち「猿駒曳」の図を厩にかけ、馬を災厄から守るようになった。こうした風習が絵馬にも影響をおよぼし、猿駒曳図絵馬がたくさん現れた。この猿駒曳図絵馬を伊勢貞丈がその著『貞丈雑記』に、異本『随兵日記』の記事を引用して、「厩の神をば生馬の神と書くなり、必ず絵馬を可掛、此の馬をば猿に引する也」と説明している。

ここで問題なのは、馬そのものの性格である。わが国では古くから馬は神の乗り物として神聖視されてきた。神霊は乗馬姿で人界に降臨すると考え、祈願・祭礼の際は神霊を迎えるため生馬を献上した。生馬献上の風はすでに『常陸国風土記』にみえ、崇神天皇の時代から鹿嶋大明神に馬を献ずることになったと記されており、『続日本紀』をはじめ、古文献にじつに多くの生馬献上の記事がみえる。そのなかでも雨乞いや日乞いのための呪術的儀礼としての生馬献上がもっとも多い。天平三年（七三一）十二月に甲斐国（山梨県）から黒毛の馬が献上された際、「神馬者河の精也」といって珍重しており、以来歴代天皇が、降雨の祈願には水を司る神である大和（奈良県）の丹生《にゅう》川上社に黒毛の馬を献上し、止雨の祈願に白毛の馬を献上している。雨乞いに黒色をもってすることは、日本の他の雨乞い習俗や、古代インド・アフリカの未開民族の習俗にもあり、黒色は雨を降らす黒雲の象としての呪法であり、白色はその反対呪法である白日の象であった。したがって、水の神の精としての河童と馬はきわめて深い関係にあり、河童が馬を引き込もうとするのはそうした馬を求めるからである。これに対して、猿が馬の守護神であるというのは、猿は山王の使者すなわち山の神の使いであるからであり、水の神に対する山の神、この二つの相対する神の馬をめぐる葛藤と考えられる。

ところが、この河童は水の精としながらも、じつは河と山に両棲するもので、「川に千年、山に千年」棲むともいわれる。九州地方では夏は川に棲み、冬は山に棲むと信じ、年二度移動するものと考えていた。川にいる間はガラッパ（河童）、山に行けばヤマワロ（山童）と名前を変えるという。ヤマワロは山の神の眷属で、たいへんな機嫌者、祀って頼めば人間を助けてくれるし、一度癇にさわるといろいろな悪戯をして人間を困らせるという伝承が各地にある。河童が川と山を往来するのは溝とか谷川に沿ってする。このときヒョンヒョンと笛を吹くような声をだして通るが、決してそれを見てはならない。人が見たら病気になると、熊本県下では広く伝えられている。また河童の通る道に斧や鎌などの金物をおくと、河童は金物を嫌うので、報復に山仕事の邪魔をするといわれる。そして山で仕事をするとき、山童は酒や粢《しとぎ》（神前に供える米粉の餅）が好きなので、それを山へ持っていって頼むと、昼寝をしている間にみな仕事をしてくれるという。またその間に持っていった食べ物は食べてしまっているという。猟をする場合や山に泊まる場合は、そこに薪を立てて山童に断ってからにしなければならない。また山の稜線のようなところは山童の通路なので、そこに山小屋を建てたりすると山童の報復を受けるという。

2　山の妖怪

山姥・山爺

全身が赤く、腹掛けをし、鉞《まさかり》を持った童形の金太郎の姿はなじみ深い。金太郎は源頼光の四天王の一人、坂田公（金）時である。すでに『今昔物語』にその名があげられており、実在の人物らしいが、山姥《やまんば》の子として伝承されている。天延四年（九七六）、源頼光が上総国（千葉県）から上洛の際、相模国（神奈川県）から足柄山にさしかかった。向かいの山の険しいところに赤色の雲気を見て、渡辺綱を召して「かしこに雲気のあるのは、人傑が隠れているのであろう。尋ねよ」と命じた。綱が尋ねて行くと、茅屋のなかに六十余の老婆と二十歳ばかりの童形の若者がいたので、二人を頼光の前に連れ出した。頼光がその名を尋ねると、老婆は答えて「ある日山の頂で寝ていたところ、夢のなかに赤竜がきて通じた。そしてこの子を孕《はら》み、生まれて二十一年を経ました」といったので、頼光は凡人ではないと感じ、坂田公時と名づけて自分の家臣としたという。

金時の母を山姥としたのは、一種の母子神信仰を背景としたもので、足柄山付近のそうした信仰を史上の公時と結びつけたものであろう。しかし、こうした話は江戸時代になると、近松の『嫗山姥《おうな》』以下の作によって広められ、浄瑠璃や歌舞伎の題材となって広く人びとに親しまれた。山姥の姿を描くものとして、広島県佐伯郡宮島町厳島神社の長沢蘆雪《ろせつ》筆「山姥図」絵馬はことに著名で、重要文化財に指定されており、滋賀県近江八幡市円満寺の織田有楽斎《うらくさい》筆「金太郎と山姥図」絵馬はおもしろい図柄である。

人びとは古くから、奥山には得体の知れないものがいろいろ棲んでいて、山に入ると時たまそうしたものに出会うと考えていた。そのなかでもっとも神秘的な存在が女の妖怪であり、老婆の場合が「山姥」、若い女の場合が「山女郎」とよばれる。これらは一般に眼光鋭く、口は耳のあたりまで裂け、髪は長く、背の高い色白の女であるという。もっとも広く分布している山姥の話は、牛方山姥で、一人の牛方が塩鯖を積んで山道を行く途中、峠で山姥に出会った。鯖をよこせというので投げ与えると全部食べてしまい、今度は牛を食い、そのつぎはお前を食うというので、牛方は一目散に逃げて大木に登った。木の上の牛方の姿が下の沼の水面に映ったので、その影を追って山姥が水に入っていくすきに、牛方は必死で逃げて山の下の一軒家に逃げ込む。ところが、その家がさっきの山姥の家だった。それで天井の梁に登って隠れていると、やがて山姥が帰ってきて囲炉裏で餅を焼きはじめた。しばらくすると山姥が炉端で居眠りをはじめたので、牛方は屋

図５　山姥（『画図百鬼夜行』より）

根裏から茅を抜いて、餅を突き刺して取って食べた。山姥が目を覚まして「誰が食うた」と怒鳴ったので、牛方は小さな声で「火の神、火の神」と答えた。今度は山姥が鍋に甘酒を沸かしながら居眠りをはじめた。牛方はまた茅でそれを吸って飲んでしまった。それで山姥はしかたなく、こんな晩は寝たほうがましだと、「石の唐櫃《からびつ》にしようか木の唐櫃にしようか」と独り言をいい、石は冷たいから木にしようと、木の唐櫃のなかに入って寝てしまった。そこで、牛方は梁から下りてきて囲炉裏で湯を沸かし、木の唐櫃に穴をあけて熱湯を注ぎ込み、山姥を退治したという。この話は東北地方では牛方となり、関東から西の方では馬方となって伝えられている。

あるところに三人の兄弟がいた。母親が買い物にでかけるときに、人食いがくるから用心するようにと言いおいた。すると夕方戸を叩くものがいる。上の兄がでてみると母親のようだが、手に毛が生えているので戸を開けなかった。今度は芋すりで手をこすってきれいにしてきたので、母親だと思って戸を開けた。その夜兄が目を覚ますと、母親が何か食べている。何を食べているのかと尋ねると、母親は食べかけの指を投げてよこした。兄はびっくりしてすぐ下の弟を起こして外に逃れ、桃の木に登って隠れた。しかし末の弟は逃げられずに食われてしまった。人食いは外へでて逃れた二人を見つけ桃の木に登ってきた。兄弟が困って「天道さん天道さん助けてください」と頼むと、天から鎖が下がってきて、兄弟はそれにつかまって逃れた。人食いもそれをまねて「天道さん天道さん助けてください」と鎖につかまるが、途中で切れて落下し、石にあたって死んだという。この人食いこそが山姥であった。なお、兄弟が「天道さん鎖綱」といったのに山姥は間違えて「天道さん腐り綱」といったので、腐った綱が下りてきて切れたともいう。また山姥が落ちて死んだとき、近くに植えてあった唐黍《とうきび》の根に血がついて赤くなり、それから唐黍の根は赤くなったという話が付会して語り伝えられている。

またこんな話も伝わる。昔、独身の男が山に木を伐りにでかけ、仲間の男と飯を食わぬ女房がほしいと語る。すると数日たって飯を食わぬから女房にしてほしいという女がやってくる。その女は何も食わぬが、女がきてからというもの米も味噌もなくなる。ある日、男が町にでかけるふりをして隠れていると、女は米を一斗炊きの鍋で炊き、味噌汁をつくり、握り飯をこしらえて筵《むしろ》に並べた。髪をほどくと頭のてっぺんに大きな口があり、そこへ握り飯を投げ込み、味噌汁を注ぎ込み、あとは髪をまた元通りに結って片づけものをしている。男は知らぬ顔をして家に入り、翌朝女房に暇を出すというと、女は何かくれという。桶を持って行けというと、やにわに男を桶のなかに突き入れ、それをかついで奥山へ走り去った。そのうち男は木の枝につかまって桶から抜け出し、里を目ざして走って逃げた。女がそれに気づいて追いかけてきたので、男は道端の蓬《よもぎ》と菖蒲《しょうぶ》の生えたところに隠れた。女がこのなかに手を入れると腐るといって山へ引き返したので、男は助かる。この女こそ山姥であったという。なお、ここから五月節供に蓬と菖蒲を軒に挿すようになったという話が付会して伝承されている。

こうして昔話にでてくる山姥は、人をとって食おうとする恐ろしい鬼女であり、一定の領域、すなわち人がふだんはあまり近寄らない神秘的領域に棲んでいて、そこを侵すものに制裁を加える。ところがその恐ろしさのなかに一面、それぞれの昔話の結末にみられるように、じつにユーモラスなまたどこか間の抜けた性格をもっている。そこに人との交歓の余地があったのである。そしてまた、この山姥は善なるものに対してはプラスに作用し、悪なるものにはマイナスに作用して活動する。そうした話の一つに、松本実著『村のあれこれ』にあげられた高知県香美市物部町の昔話がある。

母は二人の娘を樫の実を拾いにやった。継子の姉のほうには底の抜けた袋を、実子の妹のほうにはちゃんと底のある袋を与えて言った。「袋一杯に拾ってこにゃ晩飯は食わさんぞ」。二人は一生懸命拾っているうちに日が暮れてきた。妹のほうは袋一杯になったが姉のほうは少しもたまらない。しかたなく姉は、「なんぼ拾うても一つもたまらん。このままいんだら晩飯が食えんきに、お前は先にいね。私はあの火の明かりよる所で泊まらしてもろうて、朝また拾うていくきに」と妹を先に帰した。姉がその明かりの点っている家に行くと、一人のおばあがいた。姉は事情を話して一晩泊めてもらうことになった。おばあは囲炉裏に鍋をかけ、「わしゃ菜を切りに行くが、鍋の蓋の上の飯粒を食うなよ」と言って出て行った。しばらくして戻って来たおばあは鍋の蓋の上を見た。一つの飯粒も食べていなかったので、おばあは喜んで、娘にたらふく食わせ、「じいが戻ってくるきに、あの臼の陰で休みよれ」と寝かせた。じいが戻って来て、「今晩は妙に人くさい」と言うが、おばあは「人はおらんおらん」と飯を食わせて寝かしてしまった。翌朝、じいを早く起こして山に送り出したおばあは、娘を起こし朝飯を食わせ、「お前にええものをやろう。これは福杓子というもので『米・倉欲しや、カンカン』と叩くと、米でも倉でもなんでも欲しいものが出る」と言って杓子をくれた。

家に戻った娘は「米・倉欲しや、カンカン」と叩くと、米も倉も出てきた。これを見た母親は大喜びで、今度はわが子にも福杓子をもらいたいと思い、姉のほうには底のある袋、妹のほうには底のない袋を持たせて樫の実を拾いに山にやった。二人は連れ立って拾った。しばらくして姉が「お前や拾うたか、わたしゃもう一杯になったが」というと、妹は「まだ一杯にならんきに、姉さんが泊まった所に泊まり、一杯拾うていぬる」と言った。そこで姉は一人帰って行った。妹は日も暮れてきたので、例の明かりのところに行き、泊めてもらうことにした。おばあが出て来て「やすいこと」と内へ入れてくれて、「川に菜を切りに行くが、鍋の蓋の上の飯粒を食うなよ」と言って出て行った。おばあが戻ってみると、飯粒は娘がみな食べてしまっていた。怒ったおばあは「臼の陰でとこばれ」と言った。娘はおなかをすかせたまま、恐ろしさに身を震わせながら寝た。じいが戻って来た。そして「人くさい、人くさい」と言ったので、おばあは「あの臼の陰におるのを食え」と教えた。じいはマナ板と包丁で娘を切って食べてしまった。

この話は継子いじめを主題としたもので、よく知られる昔話の「継子の椎拾い」に分類される。継子いじめを戒め、また約束を守る素直な子は幸福を得、そうでない子はひどい目にあうという教訓譚になっているが、ここにでてくる「おばあ」はほかならぬ山姥であり、「じい」は山爺である。これらは性悪者に対しては、それをとって食べるという恐ろしい妖怪となり、一面性善者に対しては福をもたらすという神性をもっていることをものがたっている。したがって、山姥が家にとり憑くとその家が急速に富むという伝承がある。高知県ではそうした伝承がかなり広く分布していて、なかには山姥を守護神として祀っている家もあるという。これらはさきの継子いじめの話と同じく、善性の家に山姥がとり憑き、山姥がとり憑くことによってさらに栄えるという、山姥の神性をものがたるものである。

また、山姥は歳末の市日に里へでてきて買い物をするという話がある。山姥がそのとき支払った銭には特別の福があり、またそのとき山姥が持ってきた徳利に酒を売ったものが金持ちになるという話もある。さらに北九州地方では、暮れの十三日または二十日を「山姥の洗濯日」といって、かならず雨が降るため洗濯をしない日になっているところもある。暮れの十三日といえば「事始め」の日であり、二十日は「果ての二十日」といって一つ目小僧出現の日である。ここに山姥と山の神の信仰とのつながりが認められ、山姥は山の神の一つの姿であるとか、山の神の眷属であるとも考えられている。

女である山姥・山女郎に対して、同じ性格をもつ男は山爺・山丈・山父・山童などとよばれ、総称して山人という。この山人という言葉は「我妹子《わがもこ》が穴帰の山の山人と、人も知るべく、山《やま》葛《かずら》せよ山葛せよ」という神楽歌にもみえるように、遠い昔から使われ、里人にとって神秘・怪異の山の世界に棲むものとして特別のイメージをもって観念していたのであった。

山爺の怪も各地に伝えられるが、高知県の山中にはきわめて多い。香美市物部町中尾家の祖先が、昔、行者山で山爺に会い、タカキビの種をもらって帰り山畑に蒔くと、たいへんな豊作であった。するとその年の暮れの二十八日に山爺が尋ねてきて、餅をくれというので腹いっぱい食べさせた。翌年タナキビは大豊作で、その年の暮れにまた山爺がやってきたので、昨年よりもよけいに食べさせた。そんなことが毎年続き、しまいには山爺が一度に三斗もの餅を食べてしまうようになった。このままだと家がつぶれてしまうと思い、ある年の暮れの二十八日、川原石を焼いておき、それを尋ねてきた山爺の口に押し込んだ。山爺はあまりの熱さに驚いて「茶を飲ませてくれ」と頼んだ。それで今度は「そらお茶をやろ」と荏胡麻《えごま》の油を飲ませた。山爺はのどを焼いて苦しみ行者山へ逃げ帰るが、その途中臼の谷というところで死んだ。それから栄えていた中尾家が一気に衰えたという。

山爺はまたたいへんな大声で、奥山で一度叫ぶと天地が震うし、生木の葉が震い落ちるとさえいわれる。この山爺はしばしば白髪の老人姿で現れるが、この山爺と殺生人がある日山で出会った。山爺は「音のだし較べをやらんか」といい、いずれかへ姿を隠しておいて、やがてあたりの木の葉も震い落ちるほどの大声で叫んだ。殺生人は自分の番がきたので山爺に「あっち向いちょれ」と、谷のほうを向かせておいて、八幡大菩薩の弾丸という隠し玉を筒に込めて、山爺の耳元でぶっ放した。「聞こえたかや」と聞くと、「ちっと聞こえたわ」といって姿をくらましたというが、こういう話はずいぶんあちこちに伝わっている。こうした山爺は山姥の夫だというところもあるが、山爺のほうが山姥に比べて概して性格がおとなしいとされる。

ところで、山姥といえば大方のストーリー・イメージからするとじつに恐ろしい鬼婆とされるが、一面で里人と交渉をもって、ときに幸運を与えてくれることもある。高知県高岡地方には次のような話が伝えられている。昔、ある年の暮れに、ボロをまとった老婆が里にやってきて、汚れた袋に餅米二、三合入れたのを差し出して、正月餅を搗くときに、これで私のも一緒に搗いてくれと、戸ごとに頼んで歩いた。どこの家も断ったが、貧しい親切な若夫婦だけが快く引き受け、自家の餅米に老婆の餅米を加えて一緒に搗いてやった。すると一升搗けば五升に、三升搗けば一斗にと、搗けば搗くほど餅米の量が増えた。喜んだ若夫婦は増えた分だけの量の餅を老婆に渡してやると、老婆は大喜びして帰っていった。それから毎年同じように搗いてやると、餅だけでなく年々稲もよくでき、とうとう村一番の裕福な家になったという。ところが次の代になって、息子夫婦が老婆の餅を搗いてやらなくなったので、餅は五斗搗けば一斗に、一斗搗けば三升に減ってしまい、収穫も年々減って、ついに村一番の貧乏者になったという。

また、高知市三谷というところには、「山姥田」という田があって、貧しい男がこの田を耕作していたが、毎年豊作であったので暮しがだんだんよくなってきた。しかし稲を刈り取ることが面倒になって、ついに稲に火をつけてしまった。するとその煙とともに白髪の老婆が飛んで行ってしまった。それからその男の家はまた衰えて、昔通りの貧乏になってしまったという。これと同じモチーフの話は高知県土佐郡のあちこちに伝えられている。

これらの話は、里人が山姥とのかかわりをもち、善意で山姥に接すると幸福がもたらされ、それを裏切ると不幸になるというもので、『備後国風土記』によって知られる「蘇民将来」の話と同じタイプである。山姥は山中に住む山の女神としての性格をもっていることがうかがえる。山姥はまた、お産をするときには里に下りてきて、里人に出産の手助けを求める。そのとき里人が山姥の頼みを聞いて助けてやると、山姥は喜んで子供を産み、そのお礼に手助けしてくれた里人に幸福を与えるという話が、熊本県や大分県に広く分布している。

一つ目小僧・一本ダタラ

片目の神や片足の神の伝承は全国に広く分布している。奈良県磯城郡川西町保田の六県神社には杉の木が多いが、昔、神さまが一本の松の木で左目をついてたいへん苦しんだ。村人は神のお告げでこのことを知り、その松を掘り起こして、北葛城郡河合町河合の広瀬神社の杉と取り替えたという。長野県南佐久郡では諏訪さまが白馬に乗って村にきたとき、馬の足に葛の蔓がからみついて落馬し、胡麻で目をついて片目になった。そのためその村では葛と胡麻は作らなくなり、白馬も飼わないという。また、高知県安芸郡には片足神を祀るところがあり、祈願者は足半《あしなか》草履の片方だけを寄進する。島根県石見地方では正月の歳徳神が片足だという。こうした片目・片足神の伝承は、元来祭の際、独り者を神主と定め、神の名代として祭の礼を受けさせたことがあった。そのとき常のものと弁別するために片目・片足にする風があって、それが神そのものと混同されたのではなかろうかと、柳田國男は推定している。

ところで、この片目・片足神が一つ目小僧の妖怪とされるようになったのには理由があった。かの鎌倉権五郎景政を祀る社は、九州南部から山形・秋田県まで広く分布している。権五郎景政は十六歳で源義家に仕え、後三年の役に従軍して武勇をうたわれ、右目を射られながら敵の清原武衡の部下鳥海弥三郎を追ってこれを討ち取ったことや、陣に帰って目から矢を抜くとき、これを助けた三浦為景が景政の顔に足をかけて抜いたので、その無礼を怒り陳謝させた逸話で有名である。この片目の景政がかくも広い範囲にわたって祀られていることにも意味があった。権五郎は御霊の訛語で御霊《ごりょう》を、権五郎として祀ったのであり、その権五郎が片目であることと結びついて、いっそう人びとの信仰を得たのであった。この御霊というのは、神霊のうちでもとくに怨みをもった霊魂で、この霊魂が災厄をもたらす根源だと古代人は考え、その心意が潜在的に伝承され、行疫神・厄病神などは御霊の発現形態の一つとして民間に定着したのであった。権五郎の信仰もこの御霊の訛語から広まったし、一つ目・一本足の神も一つ目小僧として妖怪視されて、人びとの心のなかに住みついたのであった。

奈良県吉野郡川上村から上北山に越える境に、伯母峰《おばがみね》という大きな峠がある。昔の峠は今よりはるか東の高いところに通じていた。ここに伝わる「伯母峰の一本足」の話は、広く吉野山中に聞えわたっている。昔、射場兵庫という武士が峠の南の天ヶ瀬というところに住んでいた。毎日犬を連れて山狩りをしていたが、ある日伯母峰の奥深く入ると、けたたましく犬が吠えた。よく見ると谷間の熊笹がひどく揺れ、熊笹の藪そのものが谷を渡って走っていた。それは背に熊笹の生えた猪であった。犬はその猪を追いかけて行く手をさえぎった。兵庫はすかさず天壺をねらって一発撃ち込んだ。それでも猪なお牙をむいて犬や兵庫を襲ってきた。やむなく二発、三発撃ちつづけてついに猪を倒した。

それから幾日かして、紀州（和歌山県）湯の峰温泉に、足の傷を負った一人の野武士が湯治にきた。そして宿の主人に、「静かな離れ座敷を貸してくれ、わしの寝ている間は誰もきてはならぬし、決してのぞくでないぞ」といった。主人があとでその客の履物を片づけにでると、客の草履は藤蔓で作ってあるし、形も人間のものとは思えない。不審に思いながら草履に手をかけると、紐が一筋ずつ柱の根を持ち上げて礎石の上に押さえつけてある。あまりの不思議さに主人は夜も眠らず、ひそかに座敷をのぞいてみると、座敷いっぱいに、背中に熊笹の生えた怪物が寝ていた。夜が明けると客が目を覚まし、主人をよんで、「昨日くれぐれも止めておいたのに姿を見られてはぜひもない。わしはこのほど天ヶ瀬の射場兵庫に討たれた伯母峰に住む猪笹《いざさ》王の亡霊である。兵庫は恐ろしくないが、彼のもつ溝筒の鉄砲と犬が邪魔になる。あの鉄砲と犬をわが手に入れたいからなんとかしてくれ」と頼んだ。それで役所は射場兵庫に使者を立てて交渉したが、兵庫はもとより聞き入れなかった。

そののち、猪笹王の亡霊は一本足の鬼と化して伯母峰に現れ、旅人を襲いはじめたので、東熊野街道はさびれてしまった。ところが、のちに丹誠上人が今の伯母峰の地蔵尊を勧請し、経堂塚に経文を埋めて鬼神を封じてから、ふたたび旅人が通るようになった。ただしこれには条件があり、毎年十二月二十日だけは鬼の自由にまかせるということであった。それで今も、「果ての二十日」だけは伯母峰の厄日とされている。なお、天ヶ瀬には射場氏の溝筒鉄砲を納めた社があるという。この伝説は川上村伯母谷、上北山村小橡《ことち》・白川などで少しずつ異なった話で伝えられている。

この伯母峰から流れてくる西原川と大台ヶ原山に源を発する小橡川が合流するところが上北山村の河合という集落である。この河合はもと北の西山というところから移ってきた集落である。昔、その西山に宗介という猟師がいた。ある年、この里に夜な夜な怪物が現れ、人や作物に危害を加えた。宗介は怪物を退治しようと、鉛の弾丸六発と鉄の弾丸一発を用意して、山深く怪物を探した。しかしどうしても見当たらず道に迷い、疲れて木の根に倒れてしまった。そこへ皿のような目を光らせた一本足の怪物が現れた。宗介はとっさに怪物の目をねらって鉛の弾丸を放った。しかし弾丸は大きな音を立ててはね返り、怪物は宗介めがけて迫ってくる。宗介は残る鉄の弾丸を撃ち放った。とたんに天地鳴動し、怪物は頭を射抜かれ、目鼻から黒血を出して死んだ。そのそばに大きな鉄鍋が割れ散っていた。怪物は鉄鍋をかぶって鉛の弾丸を防いでいたが、最後の鉄の弾丸は防ぎきれなかったのである。こうして宗介の手によって村はもとのように平穏になったが、後難を封じるために塚を作って怪物の死骸をねんごろに葬った。この塚を「鍋割れ塚」と人びとはよび、そこを通るものはみな香供をしている。

同じ吉野山中の十津川郷の平谷から熊野との境に、果無《はてなし》山脈が望まれる。名のとおり果てしなく続く山脈である。しかし昔は熊野詣の一街道で、上り下り七二丁ずつの坂道を人びとが通ったという。ところがこの山中にも「一本ダタラ」という怪物がいた。足が一本で目が皿のようだった。ふだんは人に危害を加えることはなかったが、「果ての二十日」だけは危ないというので、その日はめったに人が通らなかった。果てには人が通らなかったからハテナシと名がついたという。こうした一本足の怪物というのは、いずれも目が皿のようだという。すなわち一つ目小僧なのである。この一つ目小僧は妖怪のうちでもっとも広く存在するものの一つである。関東では旧暦二月と十二月の八日の夜、この妖怪がでるという俗信がある。神奈川県ではこの日目籠を竿の先につけて高く掲げておくと、目が多いのを見て一つ目小僧が逃げていくという。また日下駄を出しておくと、判を押されるのでしまっておく。小田原の江之浦でも、目籠を立てておくと、自分よりたくさんの目玉のものがいると怖がって、一つ目小僧がこないという。

このような伝承のほかに、片目の神の伝承もきわめて多くあり、それには神が降臨するとき、誤って栗の毬・松葉・胡麻・茶の木・茅・竹などで目を突いたためとして、それらの植物をその土地に植えないことにしているところが多い。また、片足神と称する神が諸所に祀られていて、片方の草履を神に捧げる例は東日本に多く、これをまた魔除けとして村はずれにおく例もある。

一つ目・一本足というのは、神が現世に姿を見せるとき、常人と弁別するためにその姿になったのであり、山の神が一つ目であるという信仰は広く分布している。長野県でも旧暦二月二十五日は「ヒトツメの日」といい、この日山へ行くと、一つ目小僧がでるという。

じつは農作物の鳥獣害を避ける手段として立てる案山子《かかし》も、一つ目・一本足が本来の姿である。日本人の古くからの信仰として、春には山の神が里に下って田の神となって稲田の生育を見守り、秋になるとふたたび山に帰って山の神となるという。案山子はこの山の神が田の神となった姿であり、田の神を山に送る作法として、「案山子揚げ」の行事がある。長野県や新潟県では、十月十日の「十日夜《とうかんや》」の行事として、山の講・山の神祭ともいい、案山子を田から迎えてきて庭先に立てて祭をする。これを案山子揚げの行事といい、この十日夜がすめば田の番をしてくれるものがないから、急いで田にあるものは片づけねばならないという。したがって、この案山子も一つ目・一本足の山の妖怪と同じ山の神の姿である。

ところがまた、一つ目小僧は山中だけでなく、町に出現することもある。昔、江戸の四谷に住んでいたウズラの行商人が、麻布の屋敷町でウズラを売ったが、その代金を受け取る間一室で待たされた。その部屋は襖も破れ、天井も雨漏りのする部屋だった。そうこうするうちに一人の子供が現れて、床の間の掛軸を巻き上げたり広げたり、悪戯を繰り返した。そこで、悪戯もほどほどにするものであると足しなめると、子供は「黙ってろ」と大声で叫んで顔をこちらに向けた。するとそれは一つ目小僧であった。その屋敷のものの話では、ときどき一つ目小僧が現れて悪戯をしたり、ものを勝手に食べたりするという。

　ところで、二月と十二月の八日は「事八日」といって、オコト、すなわちなんらかの意味で神祭をする日であるが、この日に一つ目小僧が現れると伝えるところが多い。川崎市の北部では、この日門口に籠を出しておき、家の中にこもっているのがよいという。籠を出しておくのは、籠の目はたくさんあるから、その目の数によって一つ目小僧を驚かせて退散させようというものである。千葉県では旧暦の十一月下旬から十二月上旬にかけて、すなわち事八日の前、十日間をミカハリといい、山仕事や機織りなどの仕事をしないで静かに家の中にこもって過ごす習わしがあったが、このとき一つ目小僧がやってくるという。そのとき、一つ目小僧とともにやってくる老婆の妖怪があるとされ、それを「ミカハリ婆」という。横浜のほうでは「ミカリ婆」といい、これは蓑を借りにくる婆なので、「ミノカリ婆」という。この妖怪は家ごとに戸をトントンと叩き、「蓑を貸してくれ」といって歩く。この妖怪を避けるためには戸口にダンゴを挿しておくとよい。するとと妖怪はダンゴをみてブツブツいいながら帰って行くという。

　一つ目ということでいえば、全国的に片目の魚の伝説がある。石川県かほく市横山の賀茂神社の御手洗池に棲む片目の鮒は、捕らえると神罰があたるといわれる。昔、加茂の神さまが桃の花見をしたとき、桃の枝で目を突いて片目となり、この御手洗池で目を洗った。このとき池の鮒が神さまに片目を捧げたので、片目になったといわれる。また、この賀茂神社の旧鎮座地であるという津幡町加茂やかほく市鉢伏にも同様の話が伝わり、神さまが鮒となって遊行中、桃の実が落ちて目を負傷した。それから鮒は片目が細くなり、桃の実もならなくなったという。こうした片目の魚は神祭に供せられる生贄《いけにえ》の魚を、普通の魚と区別するために片目をとった古代の信仰習俗を反映した伝説であり、この片目も一つ目小僧の一つ目の信仰と共通するもので、聖なる神性の象徴である。

覚

山の中、ことに北国の山中にいる獣の姿をした妖怪に「覚《さとり》」がある。飛騨や美濃（岐阜県）の山中によく現れ、その姿は狒々《ひひ》に似ていて、よく人の心を見抜くという。富士山麓の地方ではこの化け物を「思い」といった。昔、一人の樵夫《きこり》が富士山麓の大和田山の森のなかで木を伐っていると、突然、狒々に似た怪物が現れた。樵夫は思わずゾッとした。するとその怪物はゲラゲラ笑って「今お前は怖いと思ったな」という。樵夫はぐずぐずしていると取って食われるなと身慄いすると、今度は「ぐずぐずしていると取って食われると思ったな」という。樵夫はたまらなくなって、なんとか逃げてやれと思った。するとまた「逃げるだけ逃げてやれと思ったな」という。いよいよたまらなくなって、もうどうでにもなれとあきらめた。すると今度は「どうにでもなれとあきらめたな」という。こうなるとまったくどうしようもないので、樵夫はあきらめて木を割る仕事を続けた。するとますます怪物が近寄ってくる。ところがそのとき、割っていた木に大き

図6　覚（『今昔画図続百鬼』より）

な節があって、斧が節目に当たると同時に、突然それが砕けて勢いよく飛び、木の端が怪物の目に当たってその目をつぶしてしまった。これは樵夫も怪物もまったく思いもよらぬことであった。そこで怪物は「思うことよりも思わぬことのほうが怖い」といいながら逃げていったという。人の心の内を覚る、あるいは人の思いを知るというところから、この怪物を「覚」「思い」とよんだのである。

ダイダラボウ

ダイダラボウとよばれる巨人がいる。この巨人が一夜にして富士山を造ったなどの山造り話が伝わり、またこの巨人の足跡と称するところが全国各地にある。『常陸国風土記』に、「上古《いにしえ》、人あり。躰《かたち》は極めて長大《たけたか》く、身は丘壟《おか》の上に居ながら、手は海辺《うみべた》の蜃《おほうむぎ》を摎《くじ》りぬ。其の食《くら》ひし貝、積聚《つも》りて岡と成りき。……其の践《ふ》みし跡は、長さ四十余歩《あし》、広さ二十余歩《あし》なり。尿《ゆまり》の穴の径《わたり》、二十余歩許《あしばかり》なり」と記されており、これはいわゆるダイダラボウなる巨人の話である。茨城県常陸大宮市にはダイダラボウの足跡と伝える沼地がある。昔、常陸太田の真弓山から那珂市瓜連の静神社へ、このダイダラボウが一またぎにやってきた。その際、背負っていた竹籠の目からこぼれ落ちた土が、常陸太田市磯部町にある峰山だという。

神奈川県相模原市中央区淵野辺に鹿沼と菖蒲沼という二つの窪地があった。この二つの窪地はダイダラボッチの足跡だという。昔、ダイダラボッチという巨人が富士山を背負って相模野へやってきた。あまり重いので腰をおろして一息いれた。やがて出かけようと立ち上がりかけたが、富士山が持ち上がらない。そして背負縄まで切れてしまった。そこでダイダラボッチはあきらめて立ち去った。そのとき立ち上がろうと踏んばって、めり込んだ足跡が鹿沼と菖蒲沼といわれている。また口惜しがって地団太踏んだというので、一名ジンダラ沼ともいう。この鹿沼を越えて上の原にでると、フンドシ窪といわれる幅一町の南北に連なった低地がある。これはダイダラボッチが六尺褌を引きずった跡という。

愛知県犬山市五郎丸に昔、八百比丘尼が住んでいた。ある夜「隣の本宮山の峰より尾張富士のほうが低いのが残念だ、背を高くしたいので小石を一つ持って登り、峰を高くしてくれたものには願いを叶えてやる」と、尾張富士の神である木花之開耶姫《このはなさくやひめ》が告げる夢を見た。それを聞いた村人が山へ石を上げるようになったが、結局尾張富士と本宮山の峰争いは、尾張富士のほうが負けたという。そのため尾張富士のほうでは、毎年八月一日（昔は旧暦六月一日）峰に石を上げる「石上げ祭」が行われるようになった。この尾張富士はその昔、大男が近江（滋賀県）から駿河（静岡県）に土を運ぶとき、モッコからこぼれた土ともいい、また、近江の土を両手に持って東に走る途中、指の間からこぼれた土が尾張富士になったともいう。この土を採ったあとが琵琶湖となり、土を運んだところが富士山になったという。

青森県の岩木山北麓に、鬼沢というところがあり、ここに昔、弥十郎という百姓が住んでいた。

岩木山の赤倉に薪採りに行ったところ、オオヒト（大人）が現れて相撲をとろうという。相手になっているうちに日が暮れて家に帰ると、夜中にものすごい音がして家の前に薪が山のように積まれていた。それから山のオオヒトと親しくなり、弥十郎が開墾をしていると、いつもオオヒトが蓑笠を着て現れて手伝ってくれた。その後オオヒトが赤倉の谷底から水をひいて田畑の灌漑をしてくれたので、村人はこれを「逆さ水」とよび、鬼沢村と名づけた。ところが後に弥十郎の妻に姿を見られたオオヒトが、それから現れなくなり、弥十郎もまた山に入って姿を隠してしまい、彼もまたオオヒトになったという。ちなみに鬼沢の神社を鬼神社といい、オオヒトが使ったという六尺（約一・八メートル）あまりの大きな鍬を御神体として祀っている。そして、鬼を祀るのでこの村では、五月節句には菖蒲を軒に挿さず、年越しにも豆まきはしないという。人びとはこの巨大な超能力を持つ巨人を鬼と意識したのである。このオオヒトというのはダイダラボウと同じである。

長野県北佐久郡軽井沢の浅間山と碓氷峠の間に、昔、デーランボウという大きな山男が住んでいたという。立ち上がれば頭が浅間の煙に隠れるほど大きかった。ある日このデーランボウが碓氷峠に腰掛けて、足を妙義山の谷間に伸ばして昼寝をしていると、妙義の谷にいる猪二匹がデーランボウの足をかじった。デーランボウは怒って猪をにぎりつぶし、カマド岩に鍋をかけてボタン鍋（猪鍋）にした。そしてそれを離山《はなれやま》で食べようと、一またぎする拍子に岩角に足を打ちつけ、踏みはずした片足を原のなかに落とし、鍋を山の麓にひっくり返してしまった。それから後、そこからは汁の味が浸みた塩辛い水が湧いてでるようになった。デーランボウの足跡は今も原のなかに水たまりとなっており、カマド岩も矢が崎山の中腹にその形をとどめているという。

長崎県雲仙小浜地方では、味噌五郎という大男が雲仙岳に腰をおろし、多羅岳に右足、天草に左足をおいて、有明海で顔を洗ったといい、そのおり、鍬の土が落ちてできたのが有明海の湯島であると伝える。これに類した話は全国に数限りない。

こうしてダイランボウはいずれも山や沼を造った巨人や鬼のように伝えられている。しかしその根本は自然界創造の偉大なる神としての信仰で、その信仰が衰退していく過程で、力持ちで大足の巨人や鬼となり、地形の由来を説く伝説になっていったのである。鹿児島県の各地に登場する「大人弥五郎」などもこのダイランボウと同性格の神であったものが、零落していく過程で、八幡神に征服された巨人として位置づけられ、八幡信仰に包摂されてしまった。

ヒダルガミ・ダル

山道を歩いていると、急に腹がすいて歩けなくなることがよくあった。それは「ヒダルガミ」という餓鬼が人に憑《つ》くためという。近江（滋賀県）信楽《しがらき》の多羅尾というところから伊賀の西山に行くところに御斎《みとき》峠がある。昔、本能寺の変のとき、家康もこの峠を越えるのは命がけであったという。この峠にヒダルガミが出現すると伝えられている。それはきまってまだ夜も明けきらぬ朝まだきであるという。ぬっと旅人の鼻先にガキ腹を突き出して、「お前は茶漬けを食べたか」といきなり問いかける。「うん食べた」と答えるや否や襲いかかってきて、旅人の腹を引き裂いて、胃のなかに残っている茶漬けの飯粒を食べるという。

ヒダルガミが憑くというところは各地にあり、和歌山県熊野街道の難所にもこの話はよく伝えられている。かつて南方熊楠《みなかたくまくす》が、雲取の街道を往復した際もよくダルに憑かれたといい、そのときの報告をしている。「寒き日など行き労れて急に貧血を起こすので、精神茫然として足進まず、一度は仰向けに倒れたが、幸いにも背に負うた大きな植物採集胴乱が枕となったので、岩で頭を砕くのを免れた。それより後は里人の教えに随い、かならず握り飯と香の物を携え、その萌しある時は少し食ってその防ぎとした」という。

熊野の旧中辺路《なかへじ》街道の潮見峠から、栗栖川へ下る途中に地蔵が祀られている。その前を通るときによくダルに憑かれるという。腹の減っているときなど、一歩も歩けなくなり倒れてしまうことがある。そうしたときは弁当箱に残っている飯を一粒でも食べると助かる。口に入れるもののないときは、掌に「米」という字を書いてなめるとよいという。また熊野地方では塞の神の前や、昔餓死者のあったところによくダルがでるという。田辺市の奥の上野という集落に入る坂の上り口に、オシメカケという地名がある。そこは村はずれなので、「ここは通さん」を意味して九・十・三の藁の切り下げを垂らした注連縄を張り、悪疫が村に入ることを防ぐ呪術をするところである。ここもダルの憑く場所といわれている。

愛知県北設楽郡設楽町田口和市から振草の小林へ越す峠にも、岩茸取りをしていて餓死した人を祀ったと伝える一基の祠がある。これをやはりダリボトケ、またはダリガミとよび、ダリが憑く話が伝えられている。

奈良、和歌山両県にも、ダリに憑かれるという山道が多い。十津川では、腹が減っていないときでも憑く。飯を持っていてもそれを食う力がなくなる。魚を持っていればよけいに憑く。こうしたときは、掌に「米」という字を書いて、水で飲む格好をすればよいとか、飯を一口口に入れ、それを飲み込まずに吐き出し、二口目に飲めば治るという。高知県、長崎県五島・対馬、鹿児島県の地方では、峠や路傍に「柴折さま」とよばれる祠がよく祀ってある。ここを通るとき、柴を折って供えていくと、火ダルガミはめったに憑かないという。

こうしたことから、旅をしたり山野に仕事に行くときは、箸を一人前余分につけて行ったり、弁当はかならず少量食い残しておき、ヒダルガミに捧げる用意をしておくという。

なお三重県では人間以外に、牛にまで憑いたことがあったし、船の上にもヒダルガミがいると伝えている。

人面樹・樹木子

山中にある花が人の顔のようで、ものは言わないがしきりに笑う。笑うと落花してしまうとい

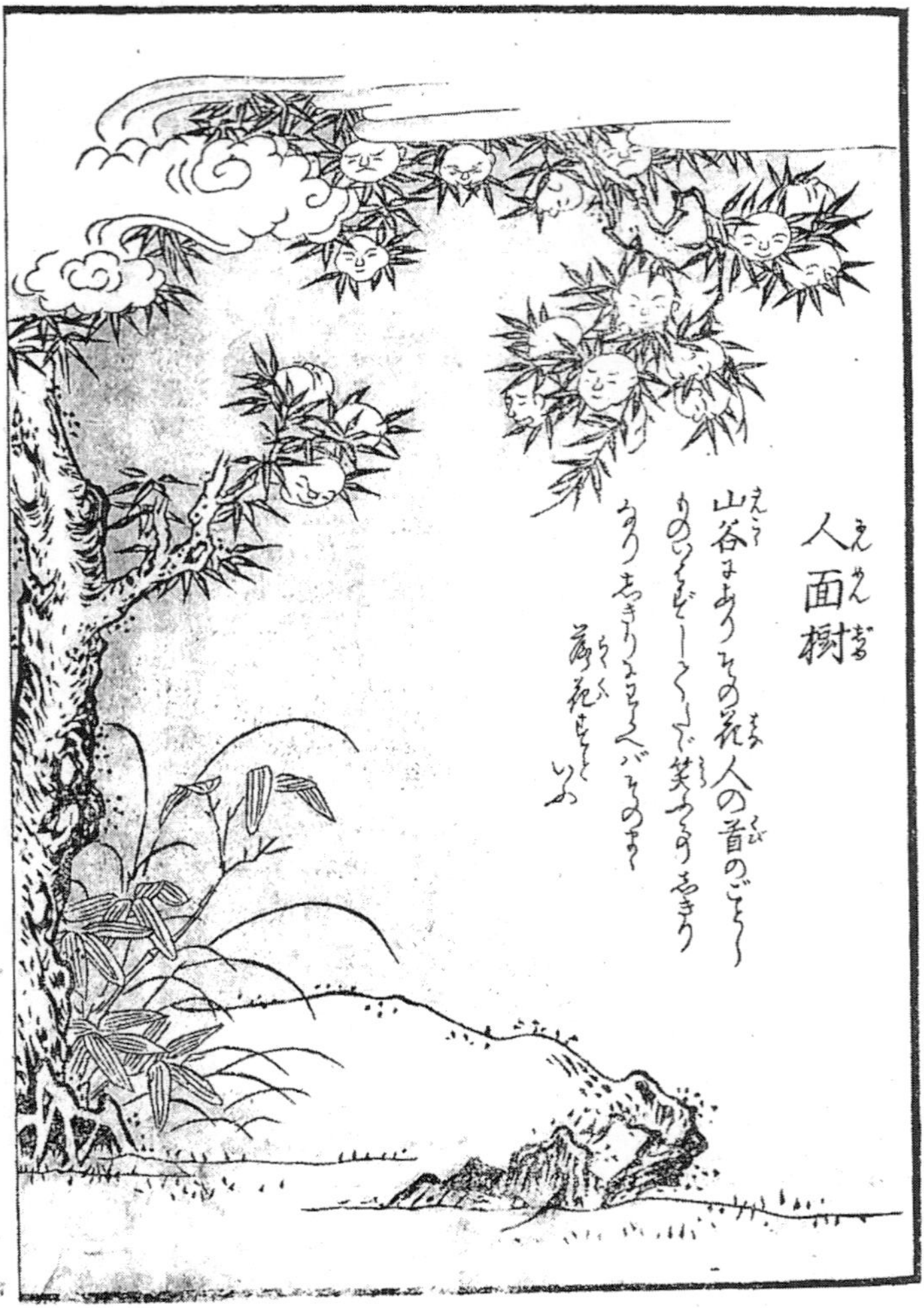

図7　人面樹（『今昔百鬼拾遺』より）

う木があり、これを「人面樹《じんめんじゅ》」とよんでいる。『百鬼夜行《やぎょう》』では、これは山茶花《さざんか》の霊といっている。こうした霊の宿る木というのはあちこちにあって、昔、津軽（青森県）のある寺の境内に、傷がつくとそこから血がにじみでるという不思議な木があった。善蔵という男が一度試してみようと、こっそり枝を折ってみるとやはり赤い血がにじんできた。それで人びとは恐れてその木の幹に高さ五尺ぐらいの仏の像を彫り、木の霊を慰めお祭りをしたという。この木は桂の木だったので「仏桂」とよばれるようになった。

また血を出す木は、人間の血を大量に吸い込んだ木で、この木の下を通る人間を捕まえては血を吸うという。この怪しい木を「樹木子《じゅもっこ》」ともいい、多くの死者を出した古戦場跡などにあるという。

手長足長

手や足の長い妖怪で、秋田県と山形県の県境にある鳥海山に棲む手長足長は、山の上から長い手足を伸ばしては日本海を通る船や麓の村を襲ったが、鳥海山の神である大物主神に退治されたという。

また、福島県の磐梯山に棲んでいた手長足長も、長い手足を伸ばして猪苗代湖の水を会津の村に振り撒いて洪水を起こしたり、村人の作った農作物を奪うなど、悪いことばかりしていた。いったん手長足長が叫ぶと雷鳴のように轟き、睨むと稲妻が光るというありさまで、村人は困り果てていた。

そこへある日、汚れた衣をまとった僧がやってきて、村人が困っているのを知ると、退治してやろうと磐梯山頂に登って、「やーい、手長足長、お前は威張っているが、できないことがあるだろう」と叫んだ。すると手長足長が「俺にはできないことなどない」と怒鳴り返してきた。そこで僧は「お前はそんな大きいのだから、小さくなんかなれないだろう」と言う。その言葉が終わらないうちに手長足長は見る見るうちに小さくなって、僧が「ゴマになれ」と念じると、仏法の力でゴマ粒のようになってしまった。僧はすかさずそのゴマ粒を箱のなかに入れてしまった。それから手長足長は閉じ込められたままで、二度とでてこなかったという。

山童

一つ目で、全身長い毛におおわれた子供の姿をしていて、人や獣を食べてしまう妖怪を「山《やま》童《わら》」という。九州の山中に棲んでいて、童顔で足が長く、人間の言葉を話し、人に危害を加えない山童もなかにはいる。山童はふだんから親しんでいれば、必要なときには助けてくれるが、いったん怒らせると、さまざまな悪戯《いたずら》をして人間を困らせるという。山仕事をするときは、酒を持って行って頼むと、昼寝をしているうちに、酒好きな山童は仕事を全部すませてくれる。鹿児島

図８　山童（『画図百鬼夜行』より）

県では山童に仕事を頼むときに、仕事をすませてから飯をやると約束しなければならない。初めに飯を食べさせると、仕事をしないで逃げてしまうという。

猟をするときや山に泊まるときは、まずそこに薪を立てて山童に断らねばならない。木の実を拾うときも、全部拾ってはいけない。山童のためにいくらか残しておかねばならない。また、山の稜線は山童の通り道なので、そこに山小屋を建てたりしてはいけないという。

こうした山童は、山姥の子や、山の神の子ともいわれる。また、水のなかに棲む河童が冬になると山に入って、山童になるともいわれ、山口県ではこれをタキワロウという。山でこれにあった人は病気になるというし、河童が金物を嫌うように、山童もまた金物を嫌うので、斧や鉈で山仕事をしていると邪魔をしてくるという。

なお、三重県でカシヤンボ、奄美大島でヤマンボとよばれるのも、この山童の仲間だといわれている。

コナキ爺・粉挽き爺

「コナキ爺」は徳島県の山奥にいる妖怪で、老人の姿をしているのに、赤ん坊の泣き声をあげ、よく赤ん坊に化けて山中で泣いている。見つけた人がかわいそうに思って抱き上げると、急に重くなって引き離そうとしても離れなくなってしまい、最後には命を奪われてしまうという恐ろしい妖怪である。

また、「ゴギャナキ」というものがいて、それはゴギャゴギャ泣いて山中をうろつく一本足の妖怪だという。これが泣くと地震があるともいう。大人は子供が泣きやまないとき、「ゴギャナキがくるぞ」といって子供を威した。また、ゴギャナキは通りかかる人の足にしがみついて離れない。そうしたときは、草履を脱ぎ捨てるとどこかへ去ってしまうという。

四国にはまた、「粉挽き爺」という、山中で粉を挽く音を出す妖怪がいるという。また、「オギャナキ」といって、姿は見えないが、夜中に赤ん坊の泣き声を立てる妖怪がいる。このオギャナキはおんぶしてほしいといってまとわりつくこともあるので、おんぶ紐が短いからといって断るように、いつも紐の片方は短くしておくものと言い伝えられている。

モモンガ・モモンジイ

動物のモモンガはリス科の哺乳類で、森に棲み夜間に活動して、木から木へ滑空する。妖怪のモモンガは毛むくじゃらの化け物で、ノブスマと同じように、ムササビが妖怪になったものといわれている。

モモンジイは、モモンガと奈良の元興寺《がんごうじ》という寺の鐘撞堂に棲みついた「元興寺《がごぜ》」という鬼と一緒になったものと考えられている。

図９　元興寺（『画図百鬼夜行』より）

風の強い夜、人の行き来も絶えたころに老人の姿で現れ、これに出会った旅人はかならず病気になってしまうという。

モモンガは、「モーンコ」、「モーモー」「モウカ」「アモコ」などともよばれ、人間を襲うわけのわからない化け物をあらわす幼児語の一つという説もある。

木霊

百年もの年輪をかさねた木には精霊が宿っていて、ときどき姿を現す。それを「木霊」「木魂」と呼んでいる。能の「芭蕉」にでてくる芭蕉精も木の精霊の一つで、芭蕉精が法華経をよむ僧の前に現れて、心をもたない草や木も、死んだあとは仏になれるかと聞く話である。

木の精霊には「彭侯《ほうこう》」というものもある。彭侯は千年も生きた木の精で、姿は黒犬に似ているが、尻尾はなく、人間の顔をしているという。昔、中国の呉の国に住んでいた敬叔《けいしゃく》という人が、楠を切ると血がでてきた。なかを見ると動物が血を流していて、それが彭侯だったという。

このほかにも、京都府や熊本県には椿の精の「木心坊」、沖縄県には「椎の木の精」や古い柳の精である「柳婆」がいるという。また、沖縄県ではガジュマル・アコウなどの木が年をとると、キジムンと呼ばれるものになると伝えられている。キジムンは髪が長く、全身が毛で覆われていて、ところによっては赤ん坊ぐらいの大きさで毛が赤いとも、毛が黒いともいわれている。

このキジムンは地方によっていろいろの性格を持った妖怪として現れる。水の上に立ったり、人を引っ張って水の上を走ったりもする。また、キジムンが燃やす火は海の上を猛烈な速さで走り回るが、その火がそばにきても声をかけてはいけない。声をかけるとマブイ（霊魂）を取られてしまうという。

しかし、キジムンは人間によいことをしてくれることもある。ある男がキジムンと友だちになり、毎晩キジムンに連れられて漁に行った。するとキジムンは獲った魚の左目だけを食べ、あとはみな男にくれたので、男はその魚を売って暮しがたいへん豊かになったという。

3　海・川の妖怪

舟幽霊

海に生きるものにとっては、「板子一枚、下は地獄」と大海原は恐ろしいもの。千変万化の相《すがた》をもつ。したがって、そこにはまたさまざまな妖怪が出没する。舟幽霊はその一つである。夜間に漁をしたり航行していると、突然舟の一方が重く感じられるような状態になったり、怪しげな空気に包まれたりすることがある。また、急に舟の行く手に岩や島の姿が見えて航行できなくなり、波音もなく何者かが近づいてくる気配がする。さらには一握りほどの綿が風で飛んでくるように波に浮かび、やがてそれが大きくなり、顔の形となる。それに目鼻が備わり、たちまち数十の幽鬼が現れ、舟の舷に手をかけて舟に上ろうとすることがある。そうしたとき幽鬼は「シャクくれ、シャクくれ」あるいは「シャク貸せ、シャク貸せ」という。すると柄杓の底を抜いて渡さないと舟を沈められてしまう。シャクを求めるのは、幽鬼がその柄杓で水を舟に汲み込んで舟を

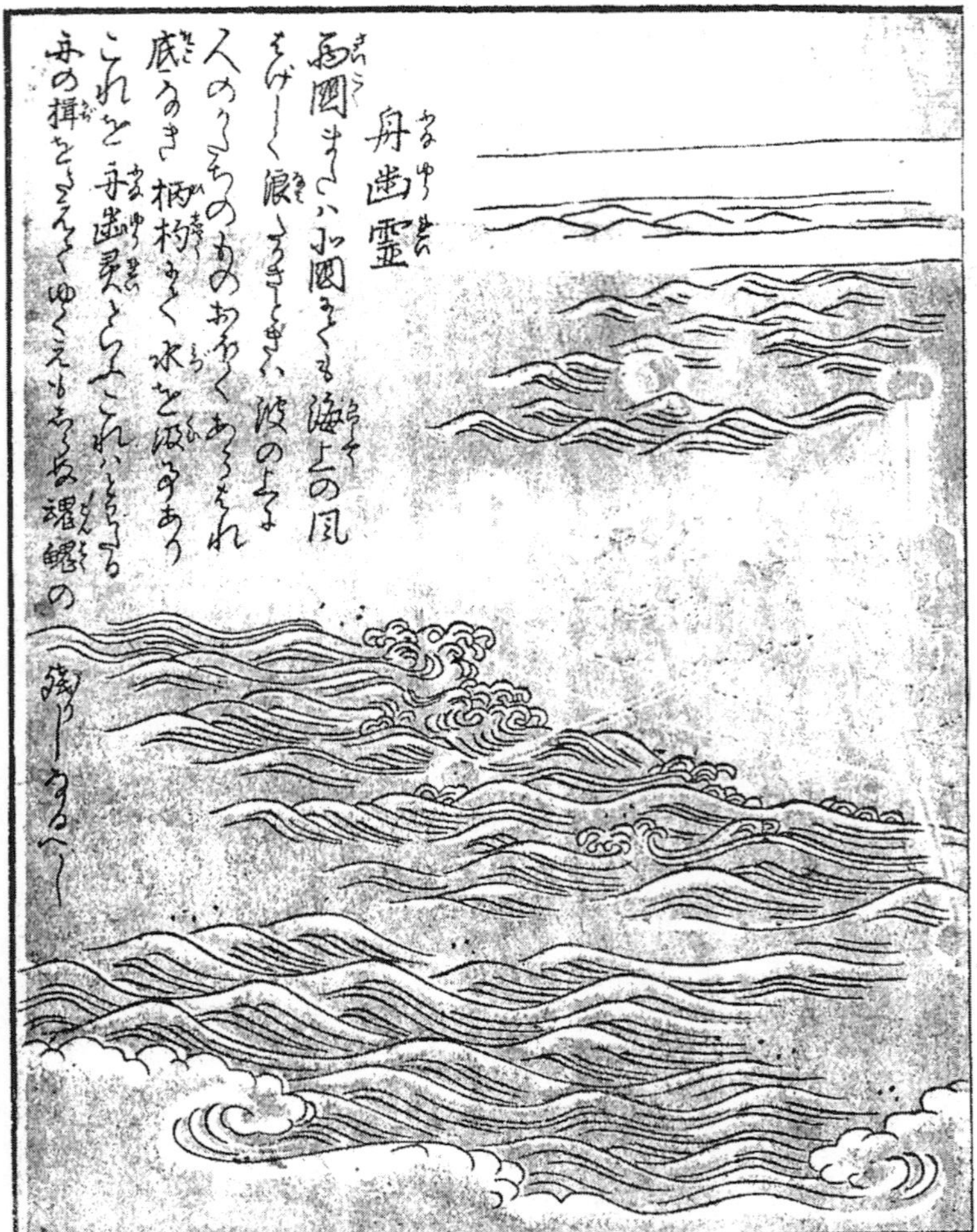

図10　舟幽霊（『今昔画図続百鬼』より）

沈めようとするのである。柄杓を与えなければ幽鬼はなにをするかしれないし、まともに柄杓を与えるとまた舟を沈められるので底を抜いて与えるのである。幽鬼はそれとも知らずに懸命に水を汲み込むが、舟に水はたまらない。それで、やがてあきらめて退散するという。

こうした舟幽霊の現れるのは、雨の日や朔月、満月に多いという。高知県ではまた、舟幽霊が現れると、ハヨー（櫓綱）の間から灰を投げるとよいというし、四十九個の餅を海に投げ入れるとよいともいう。舟幽霊には舟の舷に手をかけるものと、シラミユーレイといって舟底にくっついて舟を転覆させようとするものとがある。シラミユーレイの場合は、土佐ではタデニナ（竿）でかき回すと逃げるという。

舟幽霊はまた、沖で火をたき舟の進路を誤らせる。風雨の夜は舟の航行の目当てのために、陸の高い丘とか崖で篝火《かがりび》をたくことがある。そうしたとき舟幽霊は反対に沖で火をたき船頭を迷わせ、舟を誘い込んで転覆させることもあるという。実際、陸の火は動かないが、沖の火はところを定めずに左右に揺れ動くので見定めはできるが、つい沖の幽鬼の火に誘われてしまうという。また、舟幽霊は遠く沖に数十隻の舟が帆を上げて走る幻影を見せる。もしこの舟列について行くと、海中に引き込まれてしまうという。五島列島では舟幽霊の舟の幻影と競争することがあり、これに負けると沈没するといい、宮城県牡鹿《おしか》地方では、夜間突如行く手に舟が現れる。舟幽霊の舟であるが、そんなとき逆にこちらの舟をその前面に回し、停船して凝視すると消えてしまうという。

海難法師

福岡県宗像地方では、盆の十六日に出漁すると、難船者の亡霊が乗って帰ってくる船に出会う。その船からヨイヨイという掛け声が聞こえてくるという。伊豆七島では、正月二十四日の夜「海難法師」という水死者の霊が訪れる。この海難法師に出会うと悪いことが起こるというので、島民は身を浄めて家にこもり、一歩も外にでないという。昔、伊豆大島の代官が島民を苦しめたので、島の若者二十五人が代官を襲って殺し、追っ手を逃れて丸木船で海上に船出した。ところが暴風雨にあって船が転覆して二十五人の若者はみな死んでしまった。それが正月二十四日の夜で、その亡霊が海難法師となって現れるという。

亡者船

青森県の津軽の浜では、漁船が沖で難破すると、よく海上に「亡者船」が現れたという。西津軽郡深浦沖の久六島の近くを漁船が通ったところ、行く手の海上に怪火が無数に燃え上がって、船影が見えないのに、人びとが忙しく動き回っているような気配がした。それで、陸が近いのかなと思って、近づいていくにつれて、火はいっせいに消えてもとの暗闇に戻り、物音一つしないようになった。これは海で遭難した亡者の船だという。また隣の鯵ヶ沢では、ある年の盆の月夜に村の浜辺を通ると、沖合から櫂《かい》をこぐ音をさせた船が岸に向かってくる気配がした。そこで村中のものが集まって船の着くのを待ったが、船は沖で帆をかけたまままいっこうに近づいてこなかった。これも亡者船でときどき姿を見せるという。さらにまたある盆の晩、沖から船が寄ってきたので、浜辺からオーイと叫ぶと、船のほうからもオーイと声がして、浜にぐいぐいと寄ってきて、くっきりと姿を見せた。そして、港に近づいて帆を下げたので、ハカモノ（引き綱）をよこせと叫んだら、途端に船の姿が消えてしまったという。

海坊主・海女房

海には巨大でしかも黒く、頭の丸いヌルヌルとした怪物がいるという。「海坊主」で、海入道、海小僧のよび名もある。目が光って嘴《くちばし》のあるのもあるが、目も口も鼻もないただの黒坊主の場合もあるらしい。船が航行中沖で出会う海坊主は、巨大で目玉が光っていて、機嫌を損なうと船を転覆させるので恐ろしい。もし海坊主が出現したら、絶対に黙って見ないようにしなければならない。もし「あれは何だ」などといえば、たちまち船はひっくり返されるという。東北地方では、漁があったとき海の神さまに初物を捧げることを怠ると、大きな海坊主が現れて船を壊したり、船主をさらって行くという。こうしたときの海坊主はことに巨大であるという。海坊主は沖でるだけでなく、浜辺に出現することもある。夜浜辺を歩いていると、どこからともなく巨大な黒いかたまりのようなものが寄ってきて、ヌルヌルと体をこすりつけて、海に引き込もうとするので、ありったけの力をふりしぼって逃げたという話が、山陰の沿岸地方には伝えられている。

海坊主の一種に「海座頭」がいる。盲目の坊主頭の妖怪で、きまって月末に現れる。昔、船乗りの名人が一人で海にでた。にわかに黒雲がたちこめて、高さ三丈にもおよぶ大波がおし寄せ、それがまた船をとり囲んでしまうような格好になった。そこで恐ろしくなって船のなかでうずくまっていると海座頭が現れて、「恐ろしいか」という。「恐ろしいから助けてくれ」というと、「月末に船を出すもんじゃない」といって姿を消し、それとともに波も収まり、黒雲も消えた。海座頭に出会ったならば、なにか言うことに答えてやると、姿を消すともいう。

海坊主の女房といわれる妖怪に、「海女房」がいる。頭髪・目・鼻・耳・口がそろっていて、手足もあるが一見人魚に似た姿で、手足の指の間に水掻きがある。たいていは子連れで現れるという。島根県出雲市十六島《うっぷるい》町では昔から、魚を塩漬けにして桶に貯えておく風がある。ある日、海女房が子連れでやってきて、大きな桶に漬けた魚をペロッとたいらげてしまったという。こうした海女房は、乳から上は人間のように見えるが下半身は幽霊のようにぼやけているのもあるし、全身濡れそぼった姿をしているものもあり、「磯女」「濡れ女」の名でよばれることも多い。鹿児島県出水郡長島町では「磯姫」とよばれ、人の顔を見ればその血を吸うといい、島原半島ではよその港に碇泊するときは、苫の毛を三本着物の上にのせて寝ると血を吸われないという。また、

図11　海座頭（『画図百鬼夜行』より）

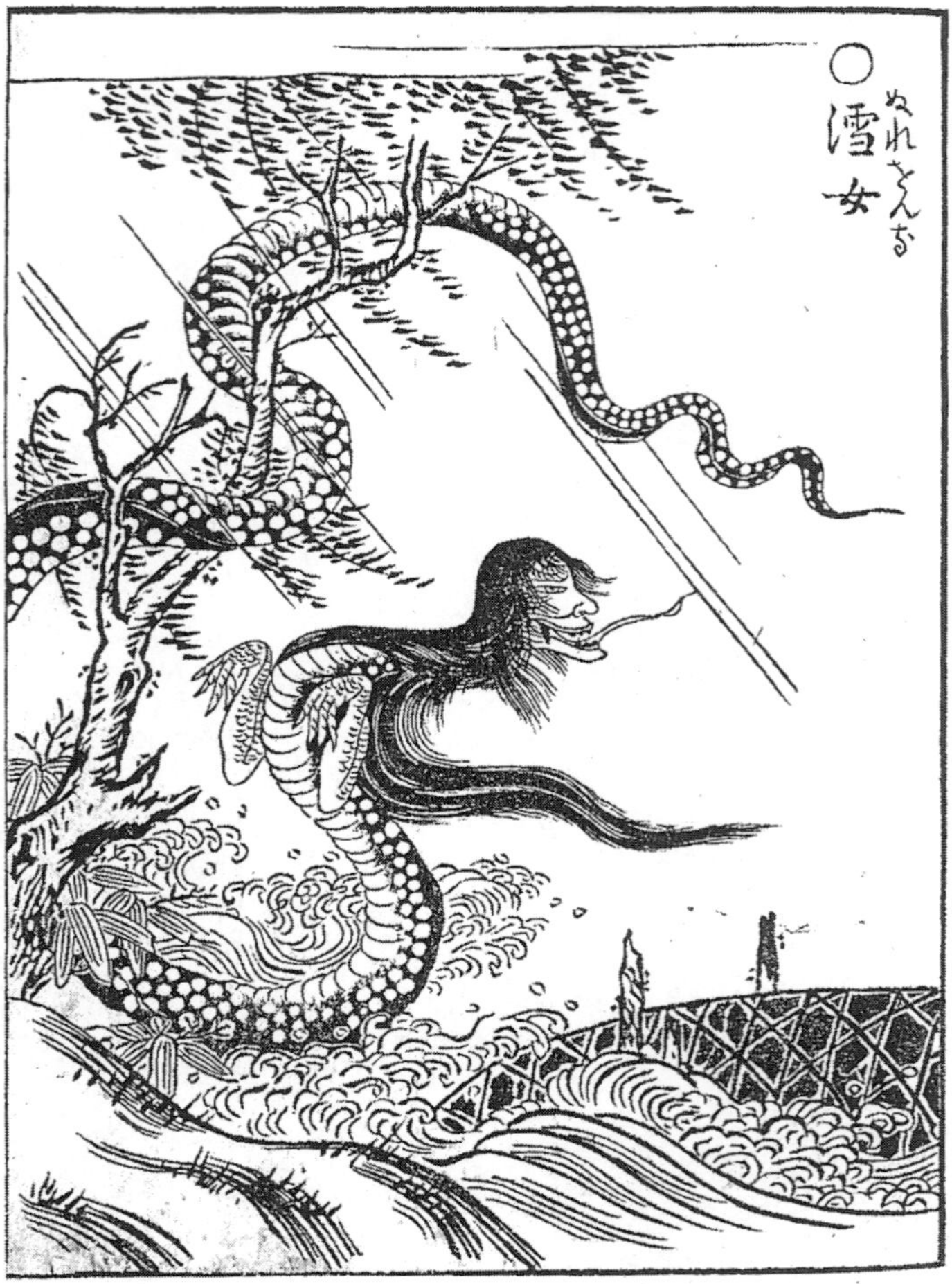

図12　濡女（『画図百鬼夜行』より）

磯女はトモヅナをたぐって船に上ってくるので、よそに行ったときはイカリだけを投げてトモヅナをとらないという。

浪小僧

海には小さな怪童も棲んでいる。「海小僧」あるいは「浪小僧」とよばれる。静岡県にはつぎのような話が伝えられている。

昔、一人の少年が母親と田を耕して小川で足を洗っていると、そばの草のなかから「もしもし」と呼ぶものがある。見ると親指ほどの小さな子供である。その子供がいうには、私はこの前の海に棲む浪小僧で、先ほどの大雨でうかうかと陸に浮かれでたが、日照りにあって帰ることができないので、海まで連れて行ってくれと頼む。気の毒に思った少年がいうとおりにして助けてやった。その後、あたりは日照りによって水は涸れ、稲はしおれてしまうので、少年は途方にくれて海辺でぼんやりと立ちつくしていた。すると海のほうからちょこちょこ走ってくるものがある。よく見ると先日の浪小僧である。浪小僧は先日助けてもらったお礼をいい、「私の父は雨乞いの名人なので、さっそく雨を降らしてもらいましょう。なお今後は雨の降るときには東南で、雨の上がるときは西南で、あらかじめ浪を鳴らして知らせる」といって姿を消した。すると間もなく大雨が降って人びとは大いに助かった。そしてこの地方では、浪の音によって天気の予知ができるようになったという。

共潜ぎ

志摩（三重県）の海女《あま》にとってもっとも恐ろしい妖怪が「共潜《ともかつ》ぎ」である。曇天の日に海に潜ると、自分とまったく同じ姿のものが現れる。岩田準一氏の「志摩の蜑女《あま》作業の今昔」によると、「昔の蜑女はしばしばこれに遭遇したそうだが、現在とても昔語りとなっておらぬ」としている。その共潜ぎというのは、海女が海底に潜っていくと、自分とまったく同じ容姿の同じ服装をしたものが、海底をはってきてニヤリと笑う。そしてときには鮑《あわび》をくれたり、手を引いて暗いところへ誘い込もうとする。それから逃れて海面に浮き上がってあたりを見回しても、自分の船以外は何もいない。不思議に思いながらまた潜ると、やはり同じ場所にいる。これを自分と同じ海女の仲間だと思って鮑をもらったり、ついて行ったりすると、潜水時間が延びて窒息してしまう。共潜ぎだとわかっていて鮑を差し出された場合は、両手を後ろに回して後ろ向きのままもらえば安全という。

運悪くこうした共潜ぎを見た場合、海女はそれ以後めったに海に潜らないし、その話を聞いた海女も近村の海女たちも、二、三日は「日待ち」をして共潜ぎが遠くに去るのを待つ。こうした共潜ぎの出没を防ぐために、海女たちは魔除けの印を手拭いにつけて頭にかぶるのである。この魔除けの印というのは手拭いの真ん中に星印や籠目を糸で刺したもので、星印はいくら刺し目をたどっていっても終わりがないこと、籠目はたくさんの枡目があって目が多いこと、すなわち際限のないもの、目がたくさんあって、妖怪が自分より強いもの、恐ろしいものがいると意識するという。

赤　鱏

赤鱏《あかえい》という魚が島を作ったというおもしろい話もある。『桃山人夜話』によると、昔、安房国（千葉県）野島ヶ崎に又六・佐吉という二人の船乗りがいた。あるとき海上で難風にあい、他の二十一人とともにある島にたどり着いた。その島には人家もなく、見たこともない草木が岩の上に茂り、梢に藻屑がかかり、岩には隙間や穴が多く、そこに魚がすんでいた。二、三里行っても同じような状況で、飲み水を求めてもみな海水で飲むことができない。やむなく船に立ち帰り二、三町ほど漕ぎ出すと、さっきの島はたちまち海中に没してしまった。これは赤鱏の島であったという。

牛鬼

顔が鬼で体が牛という、奇妙な姿をした恐ろしい獣がいる。その獣を人は「牛鬼《うしおに》」とよぶ。和歌山県西牟婁郡に、直径三間（約五・四メートル）ばかりで周囲の岩が屏風を立てたようになっていて、底に海水を通す洞穴があり、その淵を牛鬼淵とよんでいる。この淵の水が濁っていると牛鬼がやってくるという。また、毎月二十三日の夜、この淵で牛鬼の泣き声がすると伝えている。

徳島県海部郡牟岐町の白木山に、牛鬼が棲んでいて、里へでてきては人や家畜を捕らえて食べた。そこで、平四郎という鉄砲の名手が牛鬼退治に白木山に入り、刻限をはかって呼子の笛を吹いたところ、牛鬼が現れて平四郎に飛びかかってきた。平四郎はイスノ木を小楯として用意した許し弾を撃ったので、さすがの牛鬼もたまらず牛鬼淵で倒れてしまった。するとこの牛鬼の血が、淵から一里も下流にある平四郎の屋敷の裏手にある牛鬼淵まで、七日七夜のあいだ流れた。しかし平四郎の武威によって、そこから川上に逆流してしまったという。

また、高知県土佐郡では、昔、牛鬼淵と称する淵に魚類がたくさんいたが、淵の主である牛鬼を恐れて、誰も捕ろうとはしなかった。ところが高瀬某という長者が毒を流して魚を捕ろうと考えた。すると牛鬼は美人に化けて夢枕に立ってそれを止めたが、かまわずに毒を流した。そのとき淵から美女が現れ、どこかへ消えてしまった。そして、長者が捕った魚で酒盛りをしていると、

図13　牛鬼（『画図百鬼夜行』より）

急に雷鳴がとどろき大きな山崩れがあって、長者の家が埋められてしまったという。これに類した話は阿波や土佐にも数多く伝えられている。

こうした牛鬼の話はいずれも山中において出現するが、その場所は谷川の上流で淵になっているところである。この淵というのはじつは海中に通ずる道でもあった。だから牛鬼は本質的には海とか浜辺に出現する妖怪であったらしい。ときには「濡れ女」「磯女」とよばれる、海に棲む女の妖怪と同種のものであると考えられる。牛鬼が美女の姿に化けるという話も、そうしたことをものがたっている。

島根県太田市に、昔、染五郎という染物職人がいた。ある夜、海辺で釣りをしていたが、たまたまたくさん釣れて、魚籠にあふれるほどになったので帰ろうとすると、海中から濡れ女が現れて、赤ん坊を抱いてくれという。思わず赤ん坊を抱きかかえると、濡れ女は海中に姿を消してしまった。それで赤ん坊をおいて急いで逃げ帰ろうとすると、今度は海中から牛鬼が現れて追いかけてきた。それであわてて近くの小屋に逃げ込んだ。牛鬼はその小屋の周りをグルグル回り、「残念だ、残念だ」と叫んで立ち去った。そのときの牛鬼の声は女の声であったという。

また、北九州の海岸地帯に多く分布する話は、やはり濡れ女が海辺を通りかかる人に赤ん坊を預けて、消えたあとに牛鬼が現れ、赤ん坊を抱いている男に襲いかかってくる。男は赤ん坊をおいて逃げようとするが、赤ん坊は重い石になって手に吸いついて離れなくなってしまい、とうとう牛鬼につかまって突き殺されてしまうという。このような話をみると、牛鬼は濡れ女とセットになって現れることになる。

こうした牛鬼の正体は何かというと、椿の古い根っこだという。わが国では椿は神霊の宿る木の一つに数えられて、古くから神聖視されていた。そうなると牛鬼という妖怪も、そうした神の化身ということになる。事実、牛鬼は単に人間に危害を与えるものではなく、逆に悪霊を祓ってくれるものとも信じられており、愛媛県南伊予地方では祭のシンボルともなっている。「牛鬼祭」とよばれるのがそれである。そこでは法螺の音に囃されて巨大な胴体をくねらせて、長大な鬼首をうちふり、神輿の先駆けをし、家々に頭を突っ込んで悪魔祓いをするのである。この牛鬼は牛《ご》頭天王《ずてんのう》の化身ともいわれている。

河　媼

江戸時代末期の弘化四年（一八四七）八月のこと、津軽（青森県）の岩木川上流で、杣夫《きこり》たちが小屋がけして泊まっていた。月の明るい夜だったが、突然小屋のなかに声がして「おらの子供がいつもお世話になっているので礼にきた」という。みながびっくりしてあたりを見渡したが、仲間のほかには誰もいない。その声はしゃがれた老婆のつぶやきのようなものであった。これは話に聞く河媼《かわうば》であろうということで、恐ろしくなり、みな一睡もできず、焚火をして夜が明けるのを待ったという。

シバテン

シバテンというのは猿猴ともよばれる妖怪で、その伝承は高知県に多く、高知県の代表的な妖怪ともいえる。一般に平野部においてはシバテンとよび、山間部の川沿いにいるものを猿猴とよんでいるが、かならずしも厳然たる区別はない。シバテンは夕方から夜半にかけて水辺に現れて、ほろ酔い機嫌で通りすがる人びとをねらって相撲を挑む。挑まれた人はさんざん弄《もてあそ》ばれ、へとへとになって、夜が明けて気がついてみると、誰もそばにはおらず、一人相撲をとっていたという。

猿猴は水遊びをしている子供の尻を抜くといい、また胡瓜を好物とする。こうしたことから子供が溺死すると、それは猿猴の仕業とよくいわれる。こうしてみると、シバテン・猿猴と称される妖怪は河童と同じで、むしろ河童のことを高知県ではこうよんだのであろう。同県南国市では五月の田植え前になると、子供たちによって猿猴祭が行われるところがあるし、浦戸湾に流れ込む下田川の下流には河伯神社があって、祭が行われている。河伯というのはほかならぬ河童のことである。

橋姫

川にかかる橋は、村境や四辻と同じように神々の御《おわ》す他界と人間の住む現世との境界と考えられていた。神々の化身としての妖怪が境を越えて現世に入ってくるのを防ぐために、そのような場所には古くから塞の神や道祖神などを祀っていた。橋のたもとに祀られていたのが「橋姫」という女神であった。とくに有名なものが京都の宇治川に架かる宇治橋に祀られている「宇治の橋姫」で、この橋姫については『古今和歌集』にも詠まれていて、古くからいろいろの伝説が語られていた。

その伝説の一つは、昔、宇治川の近くに夫婦が住んでいたが、夫が竜宮の宝をとりに行ったまま帰らなかったので、妻は悲しみのあまり橋の近くで亡くなり、妖怪となったという。夫がほかの女を愛するようになって見放された妻が、妖怪となって人に害を加えたという話も伝えられている。

妖怪になった橋姫は、顔形が醜く、嫉妬深い性格で、幸せな結婚ができなかったため、ほかの人が結婚すると妬んで邪魔をするので、嫁入り行列は決して橋を渡ってはならないという。また、橋の上でほかの橋の話をすると怒って大嵐を起こすという。

橋姫は遠く離れたところにいる橋や沼の神と姉妹で、橋を渡る旅人によく手紙を預ける。山梨県の濁川で手紙を預かった旅人が、途中で開いてみると、「この男を殺しなさい」と書いてあった。びっくりして、「殺してはいけない」と書き直して持っていったところ、助かったという恐ろしい話がある。ところが、秋田県では、手紙を託した女神と受け取った女神の両方から礼をもらい、大金持ちになったという話になって伝えられている。

川姫

福岡県に「川姫」という美しい妖怪がいると伝えられている。川姫は若者が水車小屋に集まっているようなとき、水車を突然廻して驚かせる。そうしたときには、川姫を見ないように下を向いていなければならない。川姫を見てしまい、その美しさに心を動かされた若者は精気を抜かれてしまうという。

川天狗

東京の奥多摩の渓谷に「川天狗」という女の妖怪の話が伝えられている。天気の悪い日に、美しい振袖を着て、傘をさしてでてくるという。非常に大きな山崩れの音をたてたり、幻の橋を何本も架けたり、長くて大きな滝を出現させたりする。滝を見ようと足を踏み出したりすると、谷底に真っ逆さまに落ちてしまうという。

また、別の谷の川天狗は人に危害を加えないかわりに、いつも淋しそうに岩の上に座っていた。しばらく姿が見えなくなっていたが、秋のある日、立派な天狗が岩の上に立っていて、そばに美しい女が寄り添っていた。それはあの川天狗で、天狗に嫁入りしたという。

神奈川県では、夜になって川へ漁に行くと、闇のなかに大きな火の玉が見えることがあるという。また、投網をすると、姿が見えないのに同じように前で投網をしている人がいたり、大勢の人の声が聞え、松明の火が見えたりすることがある。これはみな川天狗の仕業だといわれている。

川熊

江戸時代に秋田の殿さまが船釣りを楽しんでいると、水のなかから黒い手がでてきて、殿さまの持っていた鉄砲を奪ってしまった。泳ぎの上手な人が川に潜って拾い上げた鉄砲には「川熊」の摑んだあとがあったという。

またある時、男が真夜中に船に乗っていると、川のなかから船縁《ふなべり》に手をかけてくる生き物がいる。驚いた男がその手を切り落とすと、その生き物は手を残したまま逃げて行ってしまった。切り落とした手はまるで猫の手のようだったという。新潟県には信濃川の洪水で、土手を壊して氾濫させるのは川熊の仕業という言い伝えがある。

アヤカシ

昔、千葉県の大東崎《だいとうざき》の沖を通りかかった船の船頭が、一人の水夫を水汲みに上陸させた。その水夫が草原で見つけた井戸のそばに美しい女が立っていて、親切に水を汲んでくれた。船に戻って船頭に話すと、「そこに井戸があるはずはない。前にも行方不明になった船がある。アヤカシだ。早く船を出して逃げるんだ」と叫んだので、急いで船を出したが、さっきの女が海に飛び込んで追いかけてくる。そこで艣で女をたたいて引き離し、ようやく逃げることができたという。

山口県のアヤカシは海で死んだ人の霊で、仲間を探してさ迷うという。沖に漂流物を拾いに行くとよく出会うという。海に塩と水を供えたり、竈のきれいな灰を撒くとでてこないといわれる。長崎では海上に見える怪しい火のことをアヤカンといっている。

獺

獺《かわうそ》はイタチ科の哺乳類で、小犬のようで足が短く、黒味をおびた茶色の毛をしていて、水中で魚を獲る。妖怪の「獺」は、川岸を通る人の足を引っ張って驚かせたり、かわいい子供や美しい女に化けて、人間の言葉を使って人を騙すという。年をとった獺は河童になるとも伝えられている。

石川県の金沢城の堀に棲んでいた獺が、美しい着物を着た美人に化けてある若者を誘惑し、その家までついてきた。獺だと気づいた仲間が若者を隠すが、美人に化けた獺はかむっていた笠もとらずにずっと待っていた。夜が更けて笠をとった姿は、両目が爛々と光った老婆に変わっていた。そして若者はとうとう見つかって食い殺されてしまったという。

人魚

顔は人間、体は魚の姿という「人魚」の伝説は世界中にある。福井県に昔現れたという人魚は、御浅岳《みせんだけ》の御浅明神の使者で、首から上は人間であるが、首に鶏冠《とさか》のようなものがあり、そこから下は魚という。浜に打ち上げられたこの人魚を近くの村の漁師が櫂で打ち殺して海に捨てると、そのあと大風と海鳴りが何日も続いた。そして、大地震が起きて地面が割れ、村はその裂け目のなかに飲み込まれてしまったという。青森県に流れついた人魚の記録には「赤い鶏冠のようなものがあり、顔は美人で鱗は金色に光っていて、その泣く声は雲雀のようにすずやかだった」という。

沖縄県では人魚を「ザン」と呼ぶ。ある夜、海から女の美しい声が聞えてきた。翌日、三人の若者が船を出してその声の主を網で捕まえると、半分人間、半分魚の生き物で、「水のなかでなくては生きていけません」と泣いて頼むので海に帰してやった。するとお礼に大津波のくることを教えてくれたので、村人は逃げて助かったという。

鹿児島県の奄美大島には、「チュンチライ」という人面魚がでるという。深い海の底から浮き上がってくるが、人の姿を見ると沈んでしまい、これが現れると海が荒れると恐れられている。

なお、昔、福井県小浜に住んでいた高橋権太夫という長者が、海の底の竜宮に招かれて御馳走になり、人魚の肉を土産に貰って帰った。人魚というのは竜神が変身したものとされ、それを食べた長者の娘は、いつまでも若いままで年をとらなかったという。その娘は出家して八十歳まで生きた。そこから八百比丘尼という名前で呼ばれ、長寿の木とされる椿の枝を持って諸国を歩いたという。

4　里の妖怪

魃・赤舌

顔が人間で体が獣。それに一本足で手も一本という怪物が「魃《ひでり》」で、これが現れると国中が旱魃になるという。一名「魃鬼《ばっき》」ともまた「旱神《かんじん》」ともよんでいる。この妖怪は両眼が頭のてっぺんにあって、疾風のように走り、魃が走ったあとの草木はみな枯れ、池の水も干上がってしまう。この魃に出会ってうまく捕らえることができたときは、すぐに濁った水のなかに投げ入れるとよい。そうすれば魃はたちまち苦悶して死滅してしまい、旱魃になることを防げるという。

また、旱魃のときよその田の水を盗んだりすると、いきなり現れる「赤舌《あかした》」という妖怪がいる。昔、大旱魃が起こったとき、津軽（青森県）のある地方で、川下の村の田に水が引けず、川上の村に水を分けてくれるように頼んだが、上の村は聞き入れてくれなかった。そこで、下の村では一所懸命雨乞いをしたが、そんなある日、突然下の村の田に水がどんどん流れてきた。どうした

図14　魃（『今昔画図続百鬼』より）

図15　赤舌（『画図百鬼夜行』より）

わけか、上のほうの村の誰が水門を開けたのかもわからず、いくら水門を閉めても、いつの間にか水門が開いて、下の村の田に水が送られた。これは「赤舌」の仕業だといわれた。赤舌は河童によく似てはいるが、頭に皿はなく、体が赤くいつも赤い舌を出しているという。この赤舌が現れるとますます田の水がなくなるというが、津軽の場合、ケチな上の村の水がますますなくなったのである。

産女・柳女

難産で死んだ女の化け物でつねに子供を抱いている。だから妖怪でもあり幽霊でもあるという両者の性格を併せもっている。産女のことを「姑獲鳥《うぶめ》」、または「夜行遊女」ともいう。『今昔物語』によると、源頼光の四天王の一人である卜部季武が、美濃国（岐阜県）に産女《うぶめ》がでるというので肝試しに見にいった。ある渡し場までくると産女が現れて、抱いていた子供を抱けという。季武が恐ろしさに耐えて抱くと、今度は子供を返してくれという。ところが子供を抱いたまま帰った季武が、よく見ると木の葉ばかりであった。また、このとき見た産女は、下半身血に染まっていたともいう。

またよく伝えられる話は、産女が辻とか橋とか渡し場に立って、通行人に子供を抱かせる。預かって抱いているうちに子供がだんだん重くなって、地面に降ろすこともできず身動きができなくなってしまう。そこで思わず「南無阿弥陀仏」と唱えると産女が戻ってきて、「おかげでこの子はこの世に戻ることができました」と言って去るという。この話に続いて、子供を抱かされた男は大力を持つ力士になって、たいへん出世した。要するに大力を得たのは産女の子供を我慢して抱いていたからであるという。

産女が下半身血だらけの姿で現れるのは、妊婦の死の多くが出血多量によるものだから、その死んだときの姿であり、子供を預けようとするのは、自分の身は他界してもせめて、子供だけは現世に戻したいという執念のあらわれである。また、子供を抱いた男が大力になるのは、出産にともなってふりしぼった大きな力を、子供を預かってくれた男にお礼として与えたことを意味するのであろう。こうした産女は「濡れ女」と非常によく似た妖怪ともいえる。

産女に似た女の妖怪に「柳女」がある。死んだ赤子を抱いて柳の木の下に立つ女で、『桃山人夜話』などにその話がでているが、柳そのものが霊の宿る木であると人びとは意識していた。柳の枝が風になびく格好を幽霊の手つき動作と同じように見て、風の吹く夜など橋のたもとの柳の古木の下などを通り、揺れる柳の枝に頬をなでられたり、傘を取られたりすると、これは柳の精の仕業であると恐れ、そこに住む精を「柳女」「柳婆」などと呼んで妖怪と意識した。

雪女

雪の精としての「雪女」の話も多い。透き通るような白い着物を身にまとった美女が、大雪や吹雪の夜道に現れて、どこでさらってきたか知らないが子供を抱いていて、「この子を抱いてください」と、細い声で通りがかりの人にいう。もしその声にさそわれて子供を抱くと、雪を抱えたように冷気が襲い、やがて雪のなかで凍えて死んでしまうという。

こうした話は秋田・茨城・新潟に多い。佐藤紅緑の『樹々の春』にでてくる青森県南津軽郡浪岡町の雪女も、子供を抱いてくれと頼むので、抱いてやるとその女は消えてしまって、子供がいつまでも泣きやまない。それが男の子ならば脇差をさし、女の子ならば櫛を持たせると泣きやむという。

青森県西津軽郡深浦町関では、雪女は正月三日に里に下りてきて、最初の卯の日に山に帰ると信じられていた。この雪女のいる間は一日に三千三百余の稲の苗がしなびるから、卯の日のおそい年は作柄が悪いという。柳田國男は『遠野物語』の第百二話に雪女のことを記して、

小正月の夜、又は小正月ならずとも冬の満月の夜は、雪女が出でて遊ぶとも云ふ。童子をあまた引連れて来ると云へり。里の子ども冬は近辺の丘に行き、橇《そり》遊びなどをして面白さのあまり夜になることあり。十五日の夜に限り、雪女が出るから早く帰れと戒めらるるは常のこ

図16　雪女（『画図百鬼夜行』より）

となり。されど雪女を見たりと云ふ者は少なし。

といい、遠野では小正月の夜や冬の満月の夜に、たくさんの子供を連れて遊びにくるので、小正月の夜に限って、村の子供たちは早く家に帰るように、ふだんからいいつけられていたという。愛媛県宇和島市吉田町では、雪の積もった夜はユキンバ（雪婆）がでるからといって、子供は戸外にでないようにするという。

雪女は子供を抱いて現れるだけではなく、さまざまな姿で現れる。鳥取県中津地方では白幣を振り振り淡雪に乗って現れるといい、岐阜県揖斐郡揖斐川町徳山では雪玉の形で現れ、それを「ユキノドウ」という。これが山小屋にきて、水をくれというが、そのときいうとおりに水をやると殺される。熱いお茶を出すと退散するという。

雪女は「雪女郎」の名でもよばれて知られるが、女ではなく男であったり、一本足の妖怪となっているところもある。飛騨高山では「雪入道」とよび、和歌山県では「雪坊《ゆきんぼう》」といい、伊都郡では雪の降り積もった夜に、腰から下に白衣をまとった裸形の一本足の童子が跳び歩き、片足の円い足形を残していく。徳島県でも同じように考えられ、雪坊のことを「一つ足」「一本足」とよんでいる。そして十二月二十日、すなわち「果ての二十日」や雪の深い日に出没するという。十二月二十日に現れるのは一つ目小僧と共通しており、また一つ目・一本足の怪物を雪坊をいっしょのものと意識したのかもしれない。いずれにしても雪の降り積もるとき訪れる神の零落した姿であろう。同じことが長野県下伊那地方の「雨女」にもいえる。この妖怪は、雨の降る夜に現れるという。

雪童子

新潟県に伝わる話であるが、子供のいない爺婆が子供が欲しくて毎日雪で子供の形を作っていた。するとある吹雪の夜、雪で作った子供の形とそっくりの男の子が家に飛び込んできた。爺婆はその子を育ててかわいがっていたが、春になると痩せて、しまいにはいなくなる。ところが冬になって雪が降ると、吹雪とともに帰ってくる。そうしたことを繰り返しながら成長していったが、何年かしてある年から、ぷっつり帰ってこなくなった。これは善良な爺婆を慰めるための神さまの仕業であったという。上越地方では爺婆が生きている間は毎年訪れていたが、爺婆が死んだらこなくなったという。この童子は「雪太郎」ともよばれた。また、夜食の大根煮を食べにくる「雪小僧」がいて、それを捕らえてみるとカワウソであったという。

つらら女

雪国で、冬氷柱《つらら》ができるようになると、どこからともなく現れ、春がやってきて氷柱が消えると、いずこともなく姿を消す妖怪がいる。色が白くすべすべした肌の美女という。

昔、秋田のある村の夫婦者の住む一軒家の戸を叩くものがあった。それは吹雪の夜で、夫婦が戸を開けると色白の若い美女が立っていて、「親類の家に行った帰りだが、ついおそくなって吹雪にあって帰れないので一晩泊めてほしい」と頼んだ。夫婦は快く泊めたが、翌日もまた次の日も吹雪に閉じ込められて娘は帰れない。ある夜、夫婦は風呂を焚いて娘に入ることをすすめたが、娘は入ろうとせず、すすめられてやむなく夫婦の入ったあとから風呂場に行った。しかしなかなかでてこないので、のぼせているのではないかと風呂場をのぞきに行った。湯槽のなかには娘の姿はなく、髪に刺していた櫛だけが湯のなかに浮いていて、湯気が氷柱となってぶらさがっていたという。この娘こそほかならぬ「つらら女」であった。

また別の話であるが、ある男がいずこからかやってきた色白の美しい娘と恋仲になって結婚した。ところが春になると、どこへ行ったのか男の前から姿を消してしまった。いくら探しても見当たらないので、きっと逃げたのだろうと、男はあきらめてほかの娘と結婚した。やがて冬が訪れ氷柱ができるころになって、ひょっこりとさきの女が帰ってきて、「なぜ私をおいて結婚したのだ」と責めたてた。男は「お前が春になって勝手に姿をくらましたからだ。もうお前は帰ってこなくてもよい」と怒った。すると女はいきなり氷柱に変身し、男の胸にぐさりと突きささって、殺してしまったという。

ジャンジャン火

奈良の法華寺の近く、一条通の北側にセンダンの古木が遺っているが、昔は野原のなかにこの木が茂っていた。そのころ、南のほうの高橋堤という、佐保川の堤にあったセンダンの木との両方から、ジャンジャン火がでて合戦をしたという。高橋堤にあるアイガエシという藪の西で、雨が降る夜はきまって、このジャンジャン火がでた。長い尾を引いた青い玉で、よく見ると火のなかに年輩の男の顔がうつるという。それは奈良時代に怨みをのんで死んだ公卿の怨霊だと伝えられ、このジャンジャン火を見たために、熱を出して死んだ人もあったと伝えられる。

天正年間（一五七三〜九二）のこと、十市遠忠が松永弾正に攻められて憤死した。その怨恨が今も十市城に残っていて、雨の降りそうな夏の晩に、大和の十市（奈良県橿原市）にあるこの城跡に向かって、「ホイホイ」と二、三度叫ぶと、城跡から火の玉が飛んできて、ジャンジャンとうなりをたてて消え失せるという。これを見たものは二、三日熱にうかされるので、みなこの火を「ホイホイ火」「ジャンジャン火」といって恐ろしがった。

九州ではこうした火のことを「天火」といい、提灯くらいの大きさの火で、飛ぶときにシャンシャンと音を出すという。大和のジャンジャン火とよく似た音である。このシャンシャン火が家のなかに入ると病人がでる。そのためシャンシャン火が家に入らないように鐘を叩いて追い出すという。またこの火が屋根に落ちると火事になるともいう。こうした怪火の話は少しずつ話を違えて全国各地に伝わるが、怨みをのんで死んだ人の怨霊というように、人の幽霊の心火である。『太平百物語』のなかにも、江戸時代の人びとが伝えた話が載せられている。

越中国富山の源八という薬売りが、大和国の暗《くらがり》峠にさしかかったとき、日が暮れてしまった。心細く山道をたどって行くと、向こうからマリのような大きさの火の玉が一つ転がってきた。驚いて身を縮めていると、その火は源八のそばへやってきた。見ると火はたちまちにして二つに割れて消えたかと思うと、泣き声がして女の姿が現れた。すると後ろからまた火の玉がやってきて同じく二つに割れ、今度は二人の男となり、互いにさきの女を奪わんと争った。ついに二人の男は刀を抜いて刺し違え、女の上に倒れ伏した光景を見たという。

まさにこの火の話は、心火のなかから幽霊がでてくるのであるが、人が死ねばかならずその身から心火がでる。その心火が怨念のために燃えると、その火のなかに幻の姿を現し、ときにその幻の姿が、生前の最期の業をうつし出すと人びとは意識していた。さきの大和の法華寺と高橋堤のジャンジャン火に年輩の男の姿があり、その火同士が合戦をするのも、大和の暗峠の怪火の話と同じである。

ミノ火

小雨の降る晩など、突然怪火が現れて、着ている蓑の端などにくっつく。火であるのに熱くはないが、払えば払うほど全身を包んでしまう。新潟地方でよく語られる怪火で、イタチの仕業という。信濃川流域地方にこの話がことに多く、「ミノボシ」ともいい、大勢で歩いていてもそのうちの一人にだけつき、いっしょに歩いているほかのものにはめったに見えないという。福井県坂井郡でも雨の晩に野道を行くとき、笠の雫の大きいのが垂れ下がって火の玉となり、手で払うと脇によける。するとまた大きい火の玉が正面に垂れ下がり、その数を増していく。この地方では大工と石屋にはこの怪火がつかないという。秋田の仙北地方では、火ではないがやはり蓑や笠に光りものがつくという。それは寒い晴れた日に蓑や笠の端についてキラキラと光るもので、これもいくら払っても消えることがないという。ここでは「ミノモシ」といっている。

ノビアガリ・ノリコシ

見れば見るほど背が高くなっていく妖怪がある。愛媛では「伸び上り」といい、佐渡では「見上げ入道」、愛知では「見越し入道」「入道坊主」などという。これに出会うと、はじめは三尺

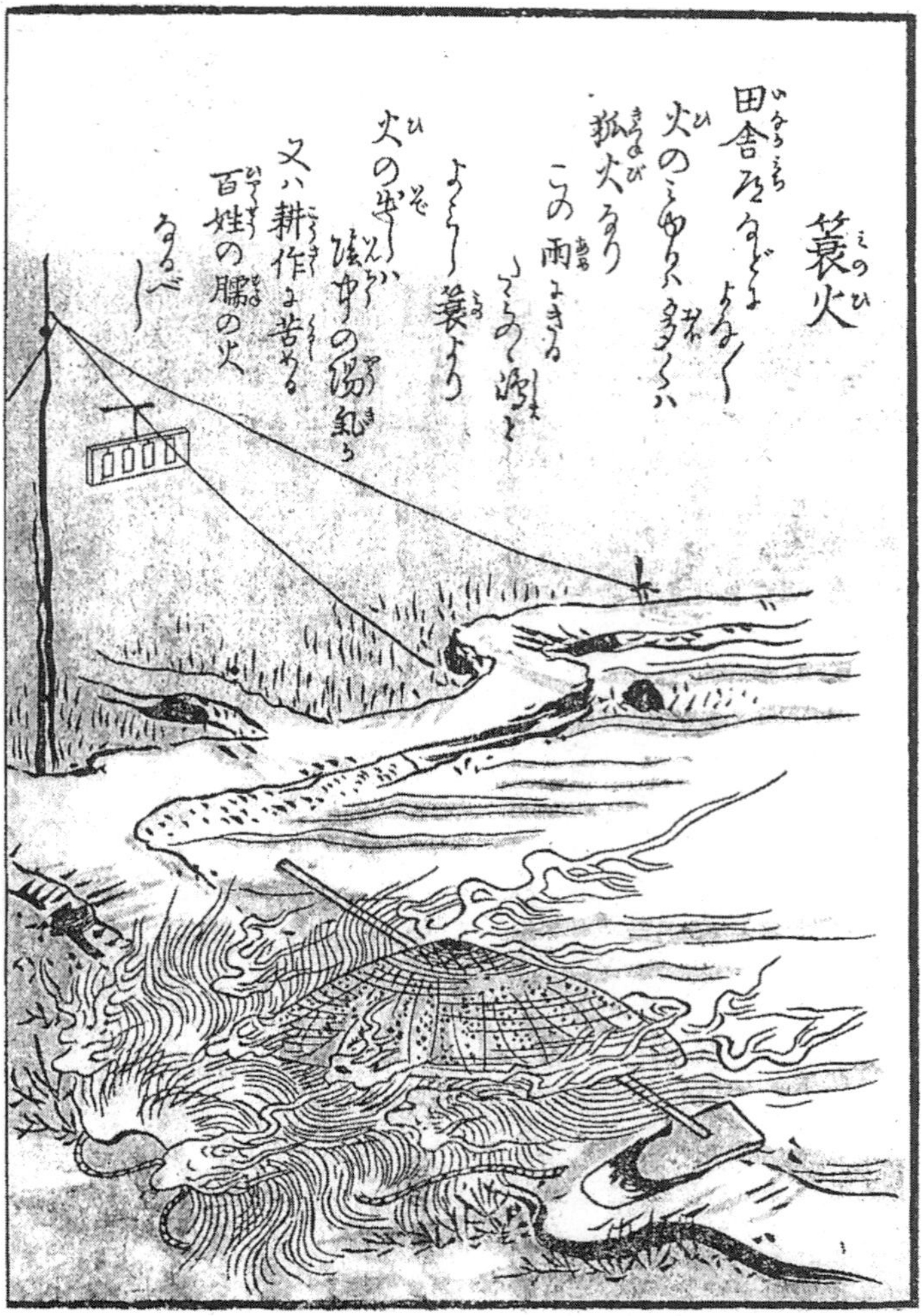

図17　蓑火（『今昔百鬼拾遺』より）

（約九〇センチ）たらずの小坊主なのに、見る見るうちに大きく伸び上がるので、愛媛県北宇和地方ではこれはカワウソが化けたものというが、地上一尺ぐらいのところを蹴って歩くと消えるといい、また目をそらすと見えなくなるという。

『遠野物語』でも「ノリコシ」としてこうした話が記されており、それは影法師のようなものである。はじめは目の前に小さな坊主頭で現れるが、はっきりしないのでよく見ようとすると、だんだん大きくなって屋根を乗り越えてしまった。このようなとき下へ下へと見下ろしていくと、小さくなって消えてしまったという。

愛知県では、やはりはじめ三尺ぐらいの小坊主だが、近づくにつれて一丈（約三メートル）以上にも大きくなる。それを見たとき、こちらから「見ていたぞ」と声をかければよいが、向こうから声をかけられると死ぬという。佐渡でもはじめは小坊主で行く手に立ちふさがる。オヤッと思って見上げると、見上げるほど背が高くなり、しまいにこちらが後ろへあおむけに倒れてしまう。この見上げ入道に気づいたときは、こちらから「見上げ入道見越したぞ」といって、前にうつ伏せになると姿を消すという。長崎県壱岐地方では夜中道を歩いていると、頭の上で笹が揺れるような音をたてる。これも見越し入道で、黙って通り抜けようとすると竹が倒れて下敷きになって死ぬが、「見越し入道見抜いたぞ」というと助かり、見越し入道はどこかへ行ってしまうという。

なお、この見越し入道は、不意に人の肩の上に立ったりするという。そのとき見上げれば見上げるほど高くなり、しまいには喉笛に噛みつかれてしまう。この正体はイタチなので、そうしたとき静かに手を肩の上にあげて、イタチの足をつかんで地面に叩きつけると退治できるという。

袖引き小僧

埼玉県西部では「袖引き小僧」がよく現れたという。夕暮れどきに道を歩いていると、よく後ろから袖を引くものがいる。誰だろうと振り返ってみると、誰もいない。袖がからみついたのだろうぐらいに思って気にせず歩き出すと、また袖が引かれる。しかし、とくに危害を加えることもない。

釣瓶下し・ヤカンヅル

大木の梢などから不意にでてくるという妖怪に、「釣瓶《つるべ》下し」がある。柱の上に横木を渡し、その一端に石をのせる。他方に釣瓶をとりつけて、石の重みではね上げて水を汲むようにした、撥釣瓶の動きに印象づけられて名づけられたらしい。近畿・四国・九州にこの妖怪の話が伝わるが、ことに丹波地方に濃厚に伝えられている。丹波曾我部（京都府亀岡市曾我部町）の法貴というところに榧《かや》の古木があった。そこに釣瓶下しが夜な夜なでたので、人びとはめったにそこを通らなかった。釣瓶下しがでるときには「夜業すんだか、釣瓶下ろそか、ギイギイ」という。

釣瓶下しは同じく曾我部の寺というところの田のなかにある一本松にもでた。与力松ともよばれる古木で、夕方になるとこの松の木の上から首が下りてきて、通行人をスーと引っ張り上げて食ってしまう。そして、食われた人の首がドスンと落ちてくる。ときには首が五つ、六つも落ちてくることがあった。こうして人を食うと二、三日は満腹したためか下りてこないが、しばらくするとまた下りてきて人を食ったという。同じく船井郡富本村（南丹市八木町）に俗に小寺という寺があり、この寺に大きな松の木があった。昔は蔦が巻きついて長く垂れ下がり、気味が悪そうな古木であった。この木にも釣瓶下しがでるといって怖がられたという。

愛知県では、大きな杉の木に鬼が棲んでいて、人が通ると金の釣瓶ですくい上げたという話も伝えられている。

これに似た妖怪に「ヤカンヅル」がある。信州長野の付近で、夜おそく森のなかを通ると古木の上からスルスルと薬罐《やかん》が下がってくるという。このヤカンヅルは人に大きな危害は与えなかったらしい。

塗り壁・ノブスマ

福岡県北部にあたる遠賀郡の海岸地帯で、夜道を歩いていると急に行く手が壁になり、どこへも行けないようになることがある。それでこの妖怪は「塗り壁」とよばれ怖がられている。棒の下のほうを払うとその壁は消えてしまうが、上のほうを払っても叩いてもどうにもならないという。同じような妖怪は長崎県壱岐地方にもでるという。夜道を歩いていると山の端などから突きでてきて、行く手に壁のように立ちはだかるので、これを「塗り坊」とよんでいる。高知県幡多《はた》郡でも「野襖《のぶすま》」と呼ぶ同じような妖怪が現れる。行く手の前面に壁を立てたように立ちふさがり、上下・左右とも果てがなく、斬っても撃ってもそれは消えない。しかしそんなとき、どっかと腰を下ろして煙草をのんでいれば、数服するうちに消え去ってしまうという。

なお、「ノブスマ」という別の妖怪もいる。東京ではノブスマといえばムササビかコウモリのようなもので、ふわりと飛んできて人の目や口を覆う妖怪といわれる。佐渡ではこれと同じ妖怪を単に「フスマ」とよぶ。夜中どこからともなくフワリと大きな風呂敷のようなものが飛んできて、人の頭を包んでしまう。どんな名刀をもってしてもこの妖怪は切ることができないが、一度でも鉄漿《かね》で染めた歯で噛み切ればたやすく斬れる。そのため昔は男でも鉄漿をつけたといい、近年まで男のお歯黒がみられたという。それはやはりフスマに対する用心のためであった。

タテクリカエシ

夜道を歩いていると、突然向こうからスットンスットンと音をたてて、手杵（横槌・砧）のような形の妖怪がやってくる。横槌のことを新潟地方ではタテクリといい、岡山地方ではテンコロという。この妖怪が向こうから転がってくると出会い頭に人をひっくり返すので、「タテクリカエシ」とか「テンコロコロバシ」「ツチコロビ」などという。このタテクリカエシは猪と同じで、急に方向転換できない。タテクリカエシがやってくると気づけば、じっとしていて寸前のところで身をかわせば逃れられる。

　中部地方、ことに飛騨でもこの妖怪が現れ、ツチコロビとよばれている。このツチをノヅチといい、古くは平安時代の『本朝文粋』にも記されており、『沙石集』には、「野槌トイフハ常ニモナキ獣ナリ、深山之中ニ希ニアリトイヘリ、形大ニシテ目鼻手足モナシ、只口許リアル物ノ人ヲ取ツテ食フト云ヘリ」とあり、『和漢三才図会』にも和州吉野山中、紀州熊野、出羽の秋田にも出没したと記載がされている。飛騨では山に行くと、人の行くほうを上下・左右自由自在に追っかける。径一尺（約三〇センチ）、長さ二尺ぐらいの、頭も尾もない丸い槌のようなものだという。

　こうして妖怪として信じられているタテクリ・テンコロ・ノヅチはツチノコとよぶ蛇かもしれない。新潟県南蒲原郡では昔ヨコヅツヘンビ（横槌蛇）というものがいて、頭も尾も同じ太さでピョンピョン跳ねたといい、愛知県の山村ではツトツコという蛇がいた。槌蛇とも野槌ともいい、槌の形または苞《つと》の形をしていて、非常に強い毒をもち、咬まれると命がないと恐れられていたという。このツトツコがまるまってコロコロと山の坂道を転がったのが妖怪に見えたのかもしれない。

なお、香川県さぬき市多和の菅峠では、タゴといって肥桶のようなものが山の斜面の崩れたようなところを転がってくるという。これは昼間はでなく夜にでるという。また、ヤカンコロバシもある。東京の多摩地方に薬罐峠という気味の悪いところがあって、夜半一人でそこを通ると薬罐が転がってくるという。

夜行さん

徳島県三好市山城町政友では、節分の夜「ヤギョウサン」がくるという。片目で髭の生えた鬼といい、お菜のことをいっていると、毛の生えた手を出すという。かつては節分のほか大晦日、庚申の晩にもでた。このほかにも「夜行日」という日があって、夜行さんが首の切れた馬に乗って徘徊した。これに出会うと投げられたり蹴り殺されるので、草履を頭にのせて地面に伏せればよいという。この夜行日は正月は子の日、二月は午の日、三月は巳の日と、月によってきまっていたようである。

この夜行さんの乗っている「首無し馬」がでるというところも各地にある。福井県、長崎県壱岐地方をはじめ四国でも徳島のほか各地にある。神さまが乗っている場合もあるし、首無し馬だけの場合もある。首のほうだけが飛び回る「首切り馬」のところもある。馬は古来神霊の乗り物として神聖視されてきた。

轆轤首

首の長いもののことをよくロクロクビというが、人間の首がしだいに伸びていって飛行する妖怪がある。昔、絶岸和尚が肥後国（熊本県）のある村で宿をとったが、風が強く吹きすさび、どうしても眠れないので、夜更けて念仏を唱えていると丑三つ刻、その家の女房の首が抜けてでて飛行し出した。そして窓の破れ目から外へでていった。その首の通ったあとには白い筋が見えた。それは女房の伸びた首であった。夜明け方になってまた女房の首はもとに戻った。昼になってその女房の首筋を見ると、首のまわりに筋があった、という話が『百物語評判』に記されている。

踊り首

人間の首だけが踊るように浮遊する妖怪がある。『桃山人夜話』によると、寛元（一二四三〜四六）のころ、鎌倉の小三太・又重・悪五郎という三人の武士が、伊豆の真鶴ヶ崎で争論し、ついに刀を抜いて争った。悪五郎がまず小三太の首をとって又重を追ったが、悪五郎がつまづいて倒れたところを又重が組みつき、首を打ち落とした。この三人の首が夜中になると海上に現れ、火を吹き、巴の波を起こした。それでそのあたりを「巴が淵」と名づけたという。また元禄（一六

図18　飛頭蛮（『画図百鬼夜行』より）

八八〜一七〇三）のころ、播州（兵庫県）佐用郡の笠屋和兵衛が、ある家の屋根で、女の大きな首が浮遊しているのを見たという。『小夜時雨《さよしぐれ》』には、永禄（一五五八〜六九）のころ、平川采女《うねめ》という人が、頭は馬で口は耳まで裂け、紅の舌を出し、火焔を吹きかけた妖怪を退治したところ、首だけが鏡山をさして飛んでいったという話を載せている。

ずんべら（のっぺら）ぼう・お歯黒べったり

目鼻も口もなく、ただ髪だけをつけた妖怪がいる。一般には「ずんべらぼう」とよんでいて、これは男の妖怪である。昔、津軽（青森県）弘前に興兵衛という喉自慢の男がいた。隣村からの帰りに、一杯機嫌で歌いながら夜道を山越えしていると、どこからともなく自分よりよい声で同じ歌をうたうものがいる。それで誰だと問いかけると、同じように誰だといいながらヌッと目の前に現れた男がいる。それはずんべらぼうであった。興兵衛は驚いて一目散にもときた道を逃げ帰り、隣村の知人の家にたどりつき、ずんべらぼうに出会った一部始終を話した。するとその知人が眉をしかめて「ずんべらぼうの顔はこんな顔であったか」といきなり顔を寄せてきた。するとその顔はさっき見たずんべらぼうだったので、興兵衛はのけぞったまま息を引き取ったという。

女の「のっぺらぼう」は口だけある。やはり夕闇迫るころ現れる。美しい着物をきて、ときには花嫁姿で現れ顔を隠している。出会ったものが親切心や好奇心から声をかけると、振り返って

図19　ぬっぺっぽう（『画図百鬼夜行』より）

顔を見せる。これがツルリとしたのっぺらぼうで、今度は白い顔の舌のほうをパックリとあけてニタニタ笑う。その口はお歯黒をベッタリつけていて、それを見たものは腰を抜かして気を失ってしまう。この妖怪ものっぺらぼうの一つであるが、その特徴から「お歯黒べったり」とよんでいて、『桃山人夜話』にもそのさまは記されている。

一反木綿

一反ほどの白い布が空中を飛ぶ妖怪で、人の首に巻きついたり、顔を覆ったりして息の根を止めてしまう。とくに夜間に現れる。暗闇のなかに白い布がヒラヒラしていて、あるとき夜道を急ぐ一人の男の前にスーッと落ちてきて、男の首に巻きついた。男はびっくりするとともに、素早く脇差を抜いて布を切ってしまった。すると白い布は消えてしまったが、男の手には血しぶきがついていたという。この妖怪は昔、薩摩（鹿児島県）大隈地方に現れたといわれる。

バタバタ・ベトベトさん

夜中に屋根の上とか庭先、あるいは村はずれで、畳を叩くような音をたてる妖怪がいる。高知・和歌山・広島地方でよく語られているが、その音から「バタバタ」とよんでいる。冬の夜にかぎられ、多くは北西風の吹きだすころに現れるという。ある人がこの妖怪の正体を見破ろうと、音のするほうへ近づいていっても、かならず七、八間隔ててその音がおこり、行けども行けども近寄れなかった。『碌々雑話』には、広島城下の六丁目七曲のあたりでその音がするという。そこには人が触れるとアザができるという石があり、その石を「バタバタ石」とよんだ。昔ある老人がバタバタ石を持ち帰った。ところが、数日して顔に小さなアザができ、それがだんだん大きくなって、しまいに石と同じ大きさのアザになった。老人が驚いて石をもとの場所に戻すとアザは消えたという。この妖怪は石の精と語られているが、高知ではこれを狸の仕業といっている。

また、夜道を歩いていると、ふと誰かが後ろからつけてくるような足音を耳にすることがある。奈良県宇陀地方ではこれを「ベトベトさん」とよび、そうしたとき道の片脇によって、「ベトベトさん先にお越し」といって歩くとその足音がしなくなるという。福井県坂井地方では、冬に雪の降る夜道を行くと、やはり後ろからビシャビシャと足音が聞こえてくる。それを「ビシャがつく」といっている。奈良県の「ベトベト」も福井県の「ビシャ」も、ともに草履の音からの名称である。

小豆とぎ・小豆はかり

山梨の峡北、北杜市長坂町島久保の西に柿ノ木平というところがある。ここに祀られる諏訪神社の東に、アマンドウ（豆柿）の大木があって、昔、この木に「アズキソギバンバア（小豆そぎ婆）」という妖怪が棲んでいた。毎夜樹上でザアザアという音をたてて「小豆おあがりになって」といって人を呼びとめる。そのときうろたえると、妖怪は大笊《ざる》でその人を樹上にすくい上げてしまうといわれた。また、長坂町の北の大泉町宮下から吉指というところへ行く小橋の付近には、昔は熊笹や葦が茂り、そこに「小豆そぎ」という妖怪が出没した。下の川でザクザクと小豆を研ぐ音がして、その音がしだいに高くなり、上へあがってくるので、恐ろしくて夜は人が通らなかったという。

こうした小豆とぎはめったに姿を見せず、ザアザア、ザクザクあるいはショキショキ、シャリシャリと、小豆を研いだり、笊に入れて揺さぶる音だけをさせるのが通例である。信州の小豆とぎは「小豆研ごうか人取って食おうかショキショキ」などの歌をうたうこともあった。そしてあるとき、村の若者がその歌声を頼って小豆とぎを追っていったが、そこには小豆の研ぎ汁が残っているだけで、妖怪の姿は見えなかったという。

小豆とぎは一般には村はずれの大木や小川に棲むが、同じ小豆をもった妖怪で屋敷に棲むものもある。このほうは「小豆はかり」の名でよばれている。昔、江戸の麻布に二百俵取りの武士がいた。その家には昔から小豆はかりが棲んでいたという。ある日友だちがぜひ小豆はかりという妖怪を見たいと泊り込んだ。静かにして待っていると、深夜天井の上をドシドシと踏むような音がし、つぎにバラバラと小豆をまくような音がした。なおじっと耳をすませていると、小豆の音はだんだん高くなり、しまいには一斗もの小豆を天井にばらまくほどの音がした。そしてつぎには庭の飛び石を下駄で歩く音、手水鉢の水をかける音がした。そこでパッと障子を開けてみたが、なにも姿が見えなかった。ここでも小豆の音だけさせて、めったに姿は見せないのである。

ほかに音で人を驚かせる妖怪に「粉挽き爺」がいる。四国の山中に棲むといい、これも粉を挽く音だけを出すが、めったに姿を見せない。人びとの伝えるところでは、老人のような姿をしているが、赤児のような声を出すという。

算盤坊主

京都府亀岡市西別院の西光寺のそばに一本の榧《かや》の木があった。そこを夜おそく通ると、坊主のような風体の男が、その木の下でジャンジャラジャンと算盤《そろばん》をはじくような音をさせるというので、俗に「算盤坊主」とよんでいる。狸の仕業かもしれないというが、昔、この寺に一人の小坊主がいて、勘定の間違いから和尚にひどくしかられ、この木で首を吊って死んだ。その妄念がそうさせるのだという。

片輪車

車一つが火焔に包まれ、そのなかに女が乗っている妖怪で、これも道具の化け物の一つであろう。昔、近江国（滋賀県）甲賀郡のある村に、毎夜ゴロゴロと音をたてて通る車があった。どんな車であるのかわからないが、この車に出会うとどんな強い者でも気を失ってしまうといいふらされていたので、夜になると誰も外にでず、家に閉じこもっていた。物好きの女がある夜、車の音を聞きつけて、戸の隙間からのぞいてみた。すると、一人の美人が乗った火焔に包まれた片輪の車が、曳く人もないのに走ってきた。それを見ている間に、寝かせておいた子供がさらわれてしまった。女は大いに悲しんで、「つみとがはわれにこそあれ小車のやるかたわかぬ子をばかくしそ」と詠んで、戸口に貼りつけておいた。するとつぎの夜、ふたたび片輪車がやってきて、「やさしの人かな　さらば子を返すなり」と女の声がして子供を投げ入れた。それ以来ふたたび片輪車は姿を見せなかったという。

同じ車の妖怪でも、火焔に包まれた大きな片輪の車の軸のところに髭だらけの男の首のついたものがある。それを「輪入道」といい、車のなかに大きな人物が乗って夜走る妖怪を「朧《おぼろ》車」とよんでいる。

図20　片輪車（『今昔画図続百鬼』より）

図21　朧車（『今昔百鬼拾遺』より）

鎌鼬

道を歩いていると、突然つむじ風が起こり、鎌で切ったような傷を受けることがある。切られたところからは血もでず、痛みもしないのが特徴である。岐阜の山村では、これは怪獣の仕業とも、風の作用だともいうが、神の仕業とも考えられている。この神は三人連れ立って通り、いちばん先頭の神が人を倒し、二番めの神が刃物で切り、三番めの神が薬をつけて去るのである。新潟県の弥彦山と国上山《くがみやま》との間の黒坂というところを歩いていて、つまずいて倒れると、かならず鎌鼬《かまいたち》にやられるという。この正体はいろいろ語られながらはっきりしないが、行き場所がなくなって浮浪している悪霊《あくりよう》の仕業ではないかとされている。こうした鎌鼬は新潟・長野・秋田などでよく語られていて、遠来のものや武士にはこの難がないのが特徴で、また多くは足の太股に鎌で切られたような傷を作ると『百物語評判』などには記されている。

狐

動物で化けるものといえば、狐と狸がその代表である。すでに欽明天皇の時代に狐が化けた話があり、『日本霊異記』に記されている。美濃国（岐阜県）大野郡（高山市）の人が嫁を探していると、曠野で一人の美女に出会った。さっそく意気投合して夫婦となり子供も生まれた。この女房に犬が吠えつき、噛みつかんとした。女房は犬に追われて逃げるうちに、ついに狐の姿となってしまった。夫は驚いて「なんじわれを忘れたか、子までなせし仲でないか、来つ寝（きて寝よ）」と叫んだ。そこから「きつね」という語ができたという。

この場合、狐はまだ美女に化けたというだけで、犬に追われて正体を現すという幼稚なものであるが、時代とともに化けるのも、また人を化かすのも巧妙になってくる。『今昔物語』の話になるとそのことがよくわかる。京都仁和寺の東の高陽川というところに狐がいて、夕暮れどきに馬に乗ってそこを通る人があれば、かならず童子に化けて尻馬に乗せてくれと頼む。狐とは知らずに乗せてやると、四、五町走ったところで馬から落ち、狐になって鳴きながら姿を消す。ある日、豪気な滝口の武士がやはりその道を通ると、案の定今度は女童がきたので尻馬に乗せて縄で縛り、土御門殿へ連れて入り、大勢の武士の前でこれを射た。すると女童はたちまち狐の姿となり、大勢の武士や土御門殿の建物までもたちまち掻き消えて、鳥辺野のなかにいたという恐ろしい化かし方になる。

『行脚怪談袋』にはこんな話もある。昔、嵐香という俳人が、上州（群馬県）渋川を通ると一人の僧が頭と手に蔓を巻き、一心に念仏を唱えているのに出会った。声をかけると、はじめて僧は正気になった。そうしていうことには、昨夜、狐がだんごを食おうとしたので杖で打ったが、後で一人山道を歩いていると大名行列に出会った。すると供の者が私を捕らえて高手小手に縛って、首を刎ねるというので、再三詫びたが許されなかった。今はこれまでと観念して、目を閉じて合掌し、一心不乱に阿弥陀経を読誦したという。縄と見えたのは蔓であった。狐が大名行列に化けて報復しようとしたのである。これに似た報復譚は『妖怪見聞実記』にもある。昔、吉田六右衛門がやはり出会った狐を打ったが、六右衛門が田舎道を行くとき、狐が心中の男女に化けてたぶらかし、ついに六右衛門に憑いてしまったという。

もう一つは『太平百物語』にある話で、京都伏見の徳地屋という穀物問屋へ、五十すぎの女がやってきて、桶を預けていった。ところが、その桶が動き出しなかから小坊主がでてきて、やがて七尺余りの大入道となり、ああ窮屈やといって四方を睨みまわした。主人はたいへん豪気な人で、脇差をとって睨みつけ、いかなる変化か、なぜ人を悩ますのか、早くここを立ち去らねば斬り捨てるぞといった。その入道いわく、われは大坂真田山の狐である。この家の者が日ごろわが住まいに小便をして穢すので、桃山の狐を頼んで今朝たぶらかしに入ったのだという。主人がさっそく店員を調べてみると、はたして太次兵衛が色を失って謝った。主人が入道に詫びを入れ、翌日から三日間赤飯と油ものを狐の棲処《すみか》の穴へ供えることで、ようやく入道も納得したという。

狐は人をたぶらかし、その人の人生や家運までも左右することがあった。『夜窓鬼談』によると、京都清水に紀伊氏という陶工がいた。あるとき、対馬（長崎県）宗氏の大坂邸のある人が訪れて、明春朝鮮使節が来朝するので、その饗応のため、皿・椀・小皿・盤五百枚を至急作ってほしいと注文してきた。紀伊氏はさっそく引き受けて、八百四十金中四十金を手付けとして受け取った。それから紀伊氏は工人を集めて日夜製作に励み、いよいよでき上がったので宗氏の大坂邸へ送って代金を請求したところ、誰も注文したものはいないという。紀伊氏がよくよく考えてみるに、窯を造るのに清水坂の穴を壊したが、それは老狐の棲処であり、その老狐の仕業とわかり大いに後悔した。それからというもの紀伊氏は衰亡の一途をたどったという。

昔、江戸麹町一二丁目の大黒屋長助の下人に権助という十七、八歳の男がいた。あるとき大窪百人町まで手紙を持っていき、返事をもらった帰り道、夕暮れになって雨も強く降ってきたので、傘をさして歩いていると、その前をずぶ濡れになって行く女がいる。それで、「傘に入りなさい」と声をかけた。その女の顔を見れば、口は耳のきわまで裂けて、髪をかっさばいた化け物だったので、あっと驚き即座に倒れて気絶してしまった。この人はのちに上下の歯がすべて欠け落ち、阿呆のようになって間もなく死んでしまった。大窪百人町のあたりには狐が棲んでいて、夜になると人をたぶらかすという風聞があったという。

狐はこのようにしばしば女に化ける。狐の化けた女はよく見ると、闇夜でも着物の柄がはっきり見えるとか、狐に化かされるのは眉毛の数を読まれるからで、眉に唾をつけるとよいという。真偽のうたがわしいものや、いかがわしいものを「眉唾物」という言葉もここからでているのである。また、夜になって山越えをしなければならないときは、拍子木を持って行くとよいなどといわれる。口丹波の地方では、女狐が鳴くと雪が降る、日暮れに新しい草履をはくと狐に化かされる、だから鍋の墨を草履の裏に塗ってはけばよいといわれる。この風はかなり広い範囲に伝承され、今でも下駄はもちろん靴でも、夕方に新しいのをおろしてはいけない。かならず朝におろす。どうしても夕方新品を履かねばならないときは、裏底に灰をつけたり墨を塗らねばならないといわれている。

狐が化ける、化かすというのは一般的な話で、全国至るところにいろいろな話があり、また体験した人も数多い。このほかに人に憑くこともある。もっとも有名なのは「おとら狐」とよばれる狐で、愛知県新城市長篠を中心に南設楽郡・八名郡にわたって語り伝えられている。「長篠のおとら狐」とか「長篠の御城の狐」などといわれ、多く病人に憑くが、ときには健康な人にも憑くことがある。人に憑いてその人の口をかりて長篠合戦の物語を語り、自分の身の上話をするのである。櫓に上って合戦を見物中に、流れ弾にあたって左の目を失い、そののち長野市信州新町の岸で昼寝をしていて、対岸から狩人に狙撃されて左足を負傷して不自由になった。このおとら狐のとり憑いた人は、左の目から目やにを出して、左足の痛みを訴えるという。

狐はまた一面では人間を助ける役割を果たすこともある。『静岡県伝説昔話集』に語られている狐もその一つである。昔、安倍川の西にある金山にお竹という古狐が棲んでいた。葬式など大勢の人びとが集まるとき、みなに出す膳がたりない場合、金山のお竹のところへいって借りてこようといって、夜、山に行き「何日の何時まで御膳十五人分たりないから貸してくれ」と独り言のようにいって帰ってくる。その日になって頼んだところにいってみると、近くの竹藪とか林のなかなどに、ちゃんと十五人分の立派な膳がそろえてある。これは「お竹狐」がそろえてくれたものという。

また、岩手県九戸郡九戸村のアラズマイ平というところにいる白狐は、子供たちとたいへん仲がよくて、よくアラズマイ平で遊んでいたという。この白狐は学校へ行く子供たちを誘って、子供の弁当と自分の煎餅を取り換えた。また、子供たちに跳びはねることを教えたばかりか、勉強まで教えた。この白狐の煎餅はほんものの煎餅で、大人たちを化かして銭を取り、また大人を化かして煎餅を作らせたという。こうしたユーモラスな一面も持ち合わせるのである。

狐は化ける、化かす、憑くほかに、もっと深く人間と交渉する。それは「狐女房」などの話となって語り伝えられている。妻が病気で里に帰って困っている男が、ある日魚釣りに行くと白狐が流れてくる。これを助けて家に連れて帰ると、狐は御恩返しをするといい残して立ち去った。あるとき女が訪れてきて、女中に使ってくれというので家においた。やがて二人の間に子供が生まれた。そして、あるとき子供が、母が尻尾で庭を掃いていると父に教える。驚いて追い出そうとするところへ女が帰ってくる。狐の女は「恋しくばたずね来てみよ和泉なる信太の森のうらみくずの葉」と書きおいて山へ帰る。そのあと男の家の稲がよく実るようになったとか、子供がのちに鳥の言葉がわかる聴耳という宝物を得るという話である。この話は「葛の葉」「信太妻」とも称され、説教節「信太妻」はじめ、浄瑠璃その他でいろいろに語り伝えられており、人間と動物が結婚するいわゆる異類婚姻譚である。

こうした狐と人間の婚姻譚はすでに古く、冒頭にあげた美濃国（岐阜県）大野郡（高山市）の人の話がある。この話はあとにまた続き、男の子には「きつね」という名をつけたが、姓は狐《きつねの》直《おびと》とした。この人は大力で鳥のごとくに早く走った。これが美濃国の狐直らの祖先であるという。

狐はまた稲荷の神使として人間と交渉をもった。その一つに「小鍛冶」あるいは「小狐」と称される話がある。昔、一条院が不思議のお告げによって、三条の小鍛冶宗近に剣を打つよう勅命を下した。宗近は勅命を受けたものの適当な相槌がいなくて困り、稲荷明神に祈願すると、童子が現れて和漢の名剣の故事・威徳を語り、力をかそうと告げて稲荷山に隠れてしまった。宗近が注連縄を張った壇にのぼり祝詞《のりと》を唱えて神々に祈ると、稲荷明神が現れて相槌を打ち、打ち上げた剣の表に「小鍛治宗近」、裏に「小狐」と銘を入れて勅使に捧げ、稲荷山に帰ったという。

狸

「狐の七化け狸の八化け」といい、狸のほうが狐よりよく化け、化かすといわれる。狐もユーモラスな面をもつが、狸のほうがよりユーモラスで、狸に化かされたほうが恐ろしくないともいう。狸の化ける話では、まず建造物や器物に化ける話がある。『怪談見聞実記』によると、ある人が京都の建仁寺山門が東方にできているので、不審に思って通っていると、そこへ飛脚が馬を連れて通りかかった。その馬の嘶《いなな》きが聞えると、にわかに山門が消えてしまった。これは狸が山門に化けていたのであるが、日ごろ恐れている馬がきて嘶いたので狸が逃げたのであった。

狸が器物に化ける話では、「文福茶釜」が有名である。この話は狐の報恩譚として伝えられる。それを笑話化し、群馬県館林市の茂林寺の伝説として、狸の話になってからその報恩譚として知られるようになった。貧乏な爺婆がいて、爺は毎日山へ柴刈りに行って、それを売ってようやく生計を立てていた。ある日、山で三人の子供が狸を半殺しにしているのを見てあわれに思い、百文ずつ与えて狸を逃がしてやった。あくる日山へ行くと、その狸がでてきて恩返しをしたいという。ちょうど下の寺で茶釜を欲しがっているから、狸が茶釜に化けたのを売れという。和尚はその茶釜を一目見て欲しくなり、三両で買った。小僧が砂で磨くと茶釜は痛いという。そしてその夜のうちに消えてしまった。爺がつぎの日山へ行くと、その狸がきていて、今度は爺の娘になるから町の女郎屋へ高く売れといい、女郎屋の旦那は百両で買った。狸の化けた女はたいそうはやり、旦那は大儲をけした。しばらくして爺が山へ行くと、その狸は女郎屋をでてきており、もう一度お礼をしたいという。今度は馬になるから遠国の長者に売れ、これが最後のつとめになるかもしれない、そのときは今日を命日として回向してくれという。爺はまた百両で売る。馬になった狸は貴人をのせて峠道を歩かされ、ついに歩けなくなって倒れてしまう。爺はこの狸のおかげで長者となり、狸の言葉を忘れず屋敷のなかに立派な狸のお堂を建てて祀ったという。

備前岡山のある士族の家で、女が厠《かわや》に行くと、毛深い手が下からでてきて尻をなでる。恐ろしくて転居したがやはり同じであった。そこで主人が意を決し、ある夜女の尻をなでかけた手を

図22　狸（『画図百鬼夜行』より）

一刀のもとに斬り取った。妖怪は手を置いて逃げ去ったが、その手は老狸のもので、主人はそれを大切に保存しておいた。ところがある夜、主人の夢枕に狸が現れて、「手を返してください。お礼に秘薬を伝授します」と懇願する。主人が手を返してやると、狸は膏薬《こうやく》の製法を伝授して消えてしまった。それからこの家では狸の秘薬を「狸伝膏」と称して売り出したという。この話は河童の「河童膏薬」と似た話である。

狸といえば、どうしたことか昔から阿波国（徳島県）にいろいろの話がたくさん伝えられている。『阿波の狸の話』にそれらがまとめられているが、その二、三を紹介しよう。徳島県美馬郡つるぎ町半田に「坊主橋」という橋があり、そのきわに藪がある。この藪のなかに「坊主狸」という狸が棲んでいて、夜、人がそばを通ると、いつのまにか頭を坊主のように剃られてしまう。それでこの狸を坊主狸といい、そこに架かる橋を坊主橋というのである。狸の人間への悪戯や脅しによって、それぞれ名前のつけられている例がほかにいくつかある。美馬市脇町から隣の新町へ行く途中に、高須という寂しいところがあり、そこに「衝立狸」という狸がいた。人が夜更けにそこを通ると、道の真ん中に大きな衝立が立っていて進むことができない。たいていの人はびっくりして引き返すが、胆力のある人は下腹に力を入れて、かまわず通るとわけなく通り抜けることができる。しかし一般の人びとはこの狸を恐れ、光明真言を四万八千遍唱えて、そのしるしの大きな石碑を建てて、狸を封じ込んでから、そうした怪異はなくなった。

美馬市穴吹町三島舞中島に、昔、「蚊帳つり狸」という狸がいた。夜更けにそのあたりを通ると、道の真ん中に蚊帳が吊るしてあるのに出会う。その蚊帳をまくらないと通れないので、まくってみるとつぎにまた別の蚊帳が吊るしてあって、いくらまくっても通り抜けられない。引き返そうとするとまた無数に蚊帳があって戻れない。それで夜が明けるまで、蚊帳のなかをうろうろしていなければならない。しかしよく心を落ち着け、下腹に力を入れて蚊帳をまくっていくと、ちょうど三十六枚目に通り抜けられるという。鳴門市撫養町小桑島には、砂を降らすのを常習とする狸がいた。夜間、人が通るとしきりに砂を降らして方角をわからなくしてしまい、川や水ぎわに誘い込んで人を陥れるという。

美馬市脇町大字猪尻字樽井あたりは、昔は寂しいところで、そこに一本の大榎があって、その下は狸の巣になっていた。それゆえ夜そこへ近づくものはいなかったが、豪胆で知られた兵八という若者が、狸の正体を見究めるため、手斧一丁を腰に差してでかけた。大榎に登って夜の更けるのを待っていると、自分の家から提灯が一つ現れ近づいてきた。大榎の下までくると隣の人で、兵八に向かって、母親が大病だからすぐ戻れという。兵八は驚いたが応じなかった。すると今度は提灯が二つ見えてきて、母親がとうとう亡くなったという。それでも兵八は帰らなかった。するとまもなく村のあちこちからたくさんの提灯が現れて、それがみな自分の家に集まっていくように見える。やがて自分の家から葬式がでて、たくさんの提灯が列をつくって大榎の下の墓地までやってきて、穴を掘って棺を埋め一同帰ってしまった。そこには紙灯籠が一つともっているだけで、またもとの寂しさに戻った。するとその辺の土がむくむく持ち上がって、ぬっとでてきた母親の幽霊が、「不孝者殺してやる」といって大榎を登ってくる。兵八は隠し持った斧を振り上げて、幽霊の脳天に打ち下ろした。すると幽霊は地上に落ちた。この幽霊がもし化け物ならいずれ正体を現すだろうと死骸をみていたが、いつまでもそのままなので、本当に母親だったのかと心配になった。夜が明けてよく見ると、それは幾百年を生きたか想像もつかない古狸であったという。

阿波はこのように狸伝説の本山のようであるが、なかでも「狸合戦」の物語は有名である。昔、阿波麻植《おえ》郡川田村（徳島県吉野川市山田町川田）に赤岩将監という狸がいて、付近の狸を従えて威張っていた。そのころ吉野川を隔てた対岸伊沢村（徳島県阿波市伊沢）には鎮十郎という狸がいて、子分を従えて勢力をもっていた。あるとき両者が合戦をして鎮十郎が敗れて、讃岐（香川県）屋島の禿狸に救いを求めた。禿狸は阿波に勢力を張る絶好の機会と、鎮十郎を援けて大軍を阿波に進めた。これを見た将監は大いに驚き、川田村の要害まで退き、城を固めて防戦した。双方に多くの死傷者がでて容易に勝敗は決せず、持久戦になった。その間、讃岐の軍勢は陣中の憂さ晴らしと景気づけに、毎晩芝居の真似をしたので、そのやかましい音で村人は寝られず、また田畑を荒らされて困っていた。そこで、ついに村人は、射撃の巧みな猟師二人に頼んで、狸退治をすることにした。猟師ははじめ狸の居場所を探すのに苦労したが、やっとのこと、杵築神社の境内でたくさんの狸が源平屋島合戦の芝居を演じているのを見届けた。二人の猟師はそのおもしろさにしばらく見とれていたが、やがて鉄砲を取り上げ、舞台にでてきた大将と思われる狸目がけて発砲したが、ぜんぜん手ごたえがない。そこで、今度は無数にともっている灯のなかで、とくに大きいのを目がけて発砲すると、たしかに手ごたえがあり灯が消え、鉦や太鼓の囃子もなくなった。そのあとを調べてみると血が滴り落ちていた。それからというもの村の被害はなくなったという。あとでわかったのは、猟師が発砲した夜、川の渡し守を呼び起こして、船渡から対岸へ渡った覆面武士の一団があった。そのなかに一挺の駕籠があって、それこそ禿狸の一行で、駕籠のなかには弾丸に撃たれた禿狸が乗っていた。こうして将監軍と禿狸軍との合戦は勝負なしで終わってしまったが、赤岩将監はいまも狸神として祀られているという。

狸が神として祀られる例は、徳島市寺町の「お六つ大明神」をはじめあちこちにみられるが、ほかにも各地にある。大阪市北区西堀川の戎神社境内にある榎木神社は、一般に「堀川の地車稲荷」とよばれ、地車造の上に社殿が安置された変わった形式の社である。俗に「吉兵衛狸」と称する老狸が榎に棲んでいて、毎夜一定の時刻になると地車囃子を好んで真似て、近隣の人を驚かせたので、人びとはこの囃子にちなんで地車の社殿を造ってその狸を祀ったという。その後もときどき囃子を聞くことがあったが、そんなときは何か変事のある前兆であったといい、人びとは狸が地車を曳いている図の絵馬や、模型の地車をさかんに奉納した。この神社はまた諸病一切・家業繁栄に御利益があるという。狸と稲荷の組み合わせは民間信仰上奇異なことであるが、「文福茶釜」の話が、狸が狐に取って代わったように、狸の本来もつユーモラスな性格、狐よりも人に親しまれたところから、そうなったのであろうと思われる。

5　家屋敷の妖怪

ザシキワラシ

柳田國男の『遠野物語』に、家の座敷にときおり出現する童子姿の精霊の話がある。「座敷童子」である。岩手県を中心として東北地方北部に分布するが、童子の姿をしていると信じられているところから、「ザシキワラシ」のほか、「ザシキボッコ」「ヘヤボッコ」「クラボッコ」「クラワシ」などともよばれ、二、三歳から十歳ぐらいまでの、オカッパ頭で赤い顔をしているという。

遠野の土淵村大字飯豊（遠野市土淵町飯豊）の今淵勘十郎の家では、高等女学校に行っている娘が休暇で帰っていたが、ある日、廊下でばったりザシキワラシと行きあい、大いに驚いたことがある。これは男の子であった。同村山口（遠野市土淵町山口）の佐々木氏の家では、母が一人で縫い物をしていると、次の間でガサガサ音がする。その部屋は主人の部屋で、そのときは東京に行き不在であったので、怪しいと思って板戸を開けてみたが何の影もない。しばらくするとまたしきりに鼻を鳴らす音がする。さてはザシキワラシだと思った。この家にはザシキワラシが棲んでいるということがずっと前からいわれていた。この童子の宿る家は富貴自在であるという。

ザシキワラシはまた女の子であることもある。同村山口の山口孫左衛門という旧家には、童女の神が二人いると言い伝えられてきたが、ある年、同村の何某という男が町から帰るとき留場の橋のほとりで見なれない二人の娘に会った。物思わしげな様子でこちらへくるので、お前たちはどこからきたのかと問うと、山口孫左衛門のところからきたと答えた。これからどこへ行くのかと聞けば、そこの村の何某の家へ行くという。その家はやや離れた村にあって、今も立派に暮らす豪農である。さては孫左衛門も世の末だと思ったが、それより少しして、孫左衛門の主従二十幾人が、茸の毒にあたって一日のうちに死に絶え、七歳の女の子が一人残った。その女の子もまた年老いて子供がなく、病に臥せて亡くなったという。

『遠野物語』では、この座敷童子の話にひきつづいて、山口孫左衛門家が絶滅してしまったいきさつを記している。座敷童子は富裕な旧家の奥座敷に出現するという話が圧倒的であるが、なかに、納戸や土蔵に現れるという場合がある。要するにその家に住みついた精霊で、座敷童子が棲みついている家は豊かになって栄え、出て行くと衰えるという信仰がもっとも特徴的で、家の盛衰を司る守護霊とも信じられたのである。したがって、さきの話で、座敷童子が棲みついているといわれた山口孫左衛門の家から、座敷童子が他家へ行くというのに出会って、その男が「孫左衛門も世の末だな」と思い、久しからずしてやはり孫左衛門家が絶滅したのである。『遠野物語拾遺』には、綾瀬村砂子沢《いさござわ》（盛岡市砂子沢）の多左衛門の家にはもとお姫さまの座敷童子がいたが、それがいなくなったら家が貧乏になったと記されている。

『遠野物語』は遠野の人、佐々木喜善の語った話が基になっているが、佐々木喜善は『郷土研究』第二巻第六号（大正三年六月）に、「明治四十三年の夏七月頃陸中閉伊郡土淵村の小学校に一人の座敷ワラシが現はれ、児童と一緒になつて遊び戯れた。但し尋常一年の子供等の外には見えず、小さい児がそこに居る此処に居ると言つても、大人にも年上の子にも見えなかつた。遠野町の小学校からも見にいつたが、やつぱり見たものは一年生ばかりであつた。毎日のやうに出たと云ふ」と記している。また、遠野の小学校がまだ南部家の米倉を使用していたころ、夜の九時ごろになると、玄関から白い着物をきた六、七歳の童子が戸の隙間から入ってきて、教室の机や椅子の間をくぐって楽しそうに遊んでいた。こうした座敷童子はたいていがオカッパ頭で赤い顔をしているという。それは人びとが等しくもつ子供の典型的なイメージであり、それを家の盛衰を司る守護神と信ずるのは、子供が神と人間との間をつなぐ存在とする民間信仰を根本としているからであろう。このことは仏教の信仰にみられる護法童子と通ずるものである。『宇治拾遺物語』巻一に、藤原頼通が病気で倒れたので、心誉という験者を召して加持祈禱をしてもらおうと使いをやったが、心誉がくる前に護法がきて、頼通の病気を治したという。この護法というのは、仏法を守護するために使役される神で、病気などを治したり超自然的な力を発揮すると考えられており、通例童子形で現れるので護法童子と称される。

佐々木喜善の「奥州ザシキワラシの話」のなかに、高野山金剛三昧院の住持が外出するとき小僧一人を伴えば、いかなる暴風雨にあっても、傘をささなくても濡れることがないという。その小僧は夜ひそかに寝姿を見られたため、寺に泊まることができなくなったといい、去るにあたっては庭の一本の杉の木を所望し、天に昇っていった。その杉の木は今もあり、火事の多い高野山で、この寺だけ七百年来火災にかからないのは、この小僧のおかげだといい、杉の木の下に祠を建てて朝夕供物を供えているという話を紹介している。この小僧も超自然的力を発揮する護法の一人で、寺院と在家の違いはあるが、そこに幸福をもたらすという点において、座敷童子とあい通ずるものがある。

なお、座敷童子の由来について、遠野地方などで、家の庭・泉水や村の川・淵から出現した童子というところからも、またオカッパ頭の童子ということからも、河童または水界の小児と関係があるとも考えられる。

枕返し

夜きちんと寝たにもかかわらず、朝起きてみると枕が逆さになっていたり、思わぬところに枕が飛んでいったりすることがある。これは「枕返し」という妖怪が、寝ている間に枕を運ぶという。

この枕返しは、かつてその部屋で死んだものの霊が悪戯をするという話が伝わる。昔、ある宿屋に盲人が泊まった。その盲人はあたりに誰もいないと思って、懐から金包みを取り出して勘定しはじめた。それをひそかに見ていた宿の主人が、あまりに大金を持っているのに驚いて欲を出し、翌日旅にでる盲人を道案内するといい、山中に連れ込んで殺して金を奪った。するとその盲人の霊が宿屋に棲みつき、夜な夜な盲人の泊まった部屋に泊まる人の枕返しをしたという。

東北地方では、この枕返しは多くザシキワラシの仕業とされている。このザシキワラシは、その家にいるかぎり、家の繁栄が保証される、いわば家の守護霊のごとき性格をもっているが、そうしたものの悪戯であるという。だから、この場合の枕返しは恐ろしいというよりも、吉兆であると考えられたのであった。古くから枕は人間の霊魂のこもるものであると意識されていたので、ザシキワラシの枕返しは、人が寝ている間にもう一つ別の世界に誘引される、すなわち霊魂が吉の世界に入ることを意味したのであった。

枕返しは田舎だけでなく都市においても存在し、ザシキワラシのような童子ではなく、美しい女の姿となり、さらに凶の兆をよび、ときには人を殺してしまうものさえあった。『金沢古蹟志』巻六によると、金沢の藤田氏の邸宅と称される屋敷には、「枕返しする一間」というのがあったという。ある夜、五人の若者がその部屋に明かりをつけたまま寝て話をしているうちに、枕を返されてしまって、五人とも頭と足の位置が逆さになってしまった。明かりをつけてしかも五人もいながら、みな同じ状態にされてしまったのである。

図23　反枕（『画図百鬼夜行』より）

ところが、この屋敷である夜一人の男が泊まり番となり、蚊帳《かや》のなかで寝ていた。すると唐紙と障子をそっと開けて何者かが忍び寄ってきた。よくみると美しい女が蚊帳の外にひざまずいて、右手の母指と食指で蚊帳の寸法を計っていた。やがて寸法を計り終えると、また唐紙と障子をものようにさらりと閉めてでて行ってしまったという。この際蚊帳は一つの結界となって、聖なる空間をつくっていたので、枕返しが入り込めなかったのである。その美女の枕返しが、今度は藤田家主人の草履取りの前に現れた。草履取りが屋敷の前まで帰ってきたとき、美女が前に立って笑いかけると、草履取りはそのまま気を失い、患ってついに死んでしまったという。

天井なめ・垢なめ

ものをなめる妖怪に、「天井なめ」や「垢なめ」がいる。人のいない間に家や草堂に現れ、天井をきれいになめてくれるのであるが、なめたあと、逆にシミを天井のあちこちに作ってしまう。天井にシミを見つけたら、それは天井なめの仕業であるというが、誰もその姿を見たものはいない。しかし、人びとはおそらく天井まで届くような背の高いもので、長い舌をもつ妖怪だろうと想像した。

また誰もいない夜とか、人がみな寝静まったあと、風呂桶や風呂場の垢をなめにくる妖怪を「垢なめ」とよんでいる。夜中にこっそりとこうした妖怪がきては気持ちが悪いので、風呂桶を

図24　天井嘗（『画図百器徒然袋』より）

きれいに洗っておくように心がけたという。この垢なめの正体を見たものはいないが、垢なめのアカから赤い顔をしていると人は想像して語り伝えた。

油坊・油赤子

昔、近江国（滋賀県）野州郡の欲賀《ほしが》（滋賀県守山市欲賀町）という村では、春から夏にかけて夜半に怪火が出没したという。この火はその昔比叡山の僧侶で灯油料を盗んで処罰されたものの亡霊といい、「油坊」とよばれた。

河内国（大阪府）にもこれに似た怪火が出現し、枚岡では雨の降る夜にかぎって、直径一尺（約三〇センチ）もあるかと思われる火の玉が飛び交う。昔、一人の姥が毎夜のように枚岡神社（東大阪市出雲井町）の御神灯の油を盗んで自分の家の灯芯の油にしていた。この火の玉は、その姥の亡霊というので、「姥火《うばび》」とよばれた。一説にこの火の玉は山に捨てられた姥で、油を盗みにきたともいう。

火の玉が突然窓から家のなかに飛び込んできて、行灯《あんどん》の油をペロペロなめてふたたび飛び去ってしまうという似た話もある。その油をなめるときの姿が赤ん坊の姿なので、この怪火を「油赤子」とよんでいるところもある。怪火ではないが、東北地方では「油嘗《なめ》赤子」が出現したという。それは江戸時代中ごろの話であるが、赤子を抱いて道に迷った女が庄屋の家に泊めてもらった。

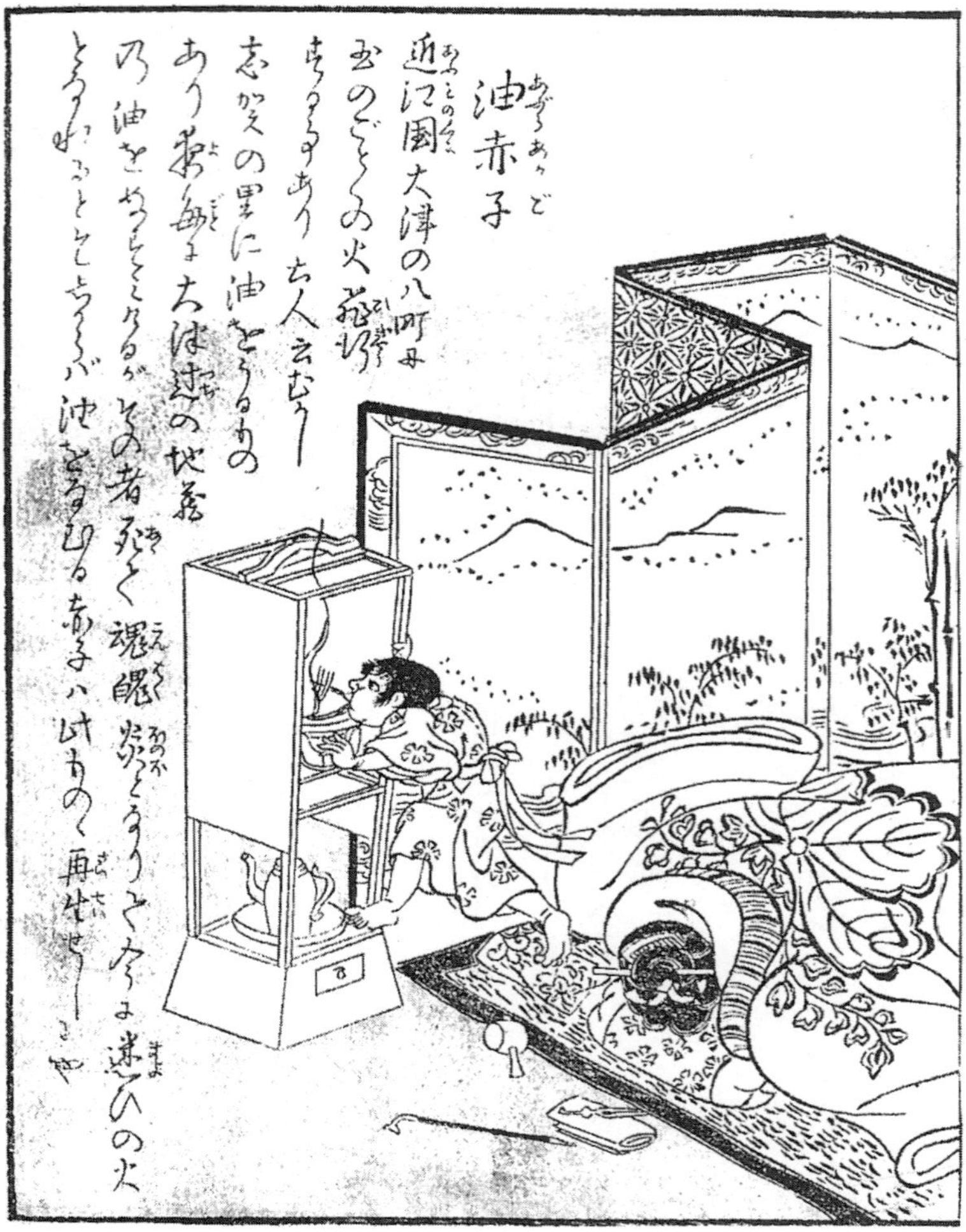

図25　油赤子（『今昔画図続百鬼』より）

すると夜半、布団のなかに寝かされていた赤子が突然はい出して、行灯の油を一滴も残さずなめてしまった。夜が明けて女は赤子を抱いて出立したが、途中女が赤子をおろして休むと、赤子はマリのようにはずんで飛び回っていたという。

また、火のようなものが家のなかに飛んできたかと思うと、その火は赤子の姿になって行灯の油をペロペロとなめ、一滴も残さずなめ終わるとふたたび火となって飛び去ったという。

同じく怪火ではないが、新潟県三条市帯織のある旧家に「アブラナセ」という怪物がいて、家人が灯油を粗末に使うと「アブラナセ」といったという。アブラナセというのは「油返せ」という意味である。

油を取るのではなく、油瓶の姿で出現する妖怪もいる。熊本県天草の草隅峠という山道には、「油スマシ」という妖怪がでる。それは油瓶を提げた姿というが、この妖怪も油の無駄使いをするなと戒めるという。

ところで『怪談見聞実記』には「宗源火」の話がある。昔、宗源というものが油を盗んだ罪で刑に処せられた。その恨みが一団の火となって三つ、四つに分かれ、飛び上がって、散ってはまた集まって一つになるという。この話はじつは油坊の話となって語り伝えられ、民間に伝承されて生活のなかに生きたのであろう。

同じような話が兵庫県伊丹市昆陽にもある。ここでは怪火を「油返し」とよんでいるが、行基が掘ったという昆陽池の堤に現れる。池の南にある墓からでて昆陽池・瑞ヶ池の堤を通って天神川のほとりから中山というところへ上るので、昔、中山寺の油を盗んだものの亡霊だという。

火消し婆・野鉄砲

つねに火を吹き消す「火消し婆」とよばれる妖怪がいる。行灯をあかあかとつけて宴会などをしていると、突然火が消えてしまうことがある。油がなくなったのか、灯芯が燃えつきたのか調べてみても、両方ともまだ充分に残っている。こうしたとき、それは火消し婆が人の目につかないところから、フーッと息を吹きかけて火を消してしまうという。やがて宴会が終り客が帰る。そのとき火をつけた提灯の火がまた、急に小さくなったり、フッと消えたりする。これも火消し婆の仕業である。この火消し婆は主として家のなかや民家の集まったところに現れるが、山道にもこれとよく似た妖怪が現れる。こちらも息を吹きかけることは同じであるが、火を消すのではなく、道行く人の顔に息を吹きつける。吹きつけられた人は目や口がふさがれてしまって立往生するという。この妖怪を「野鉄砲」とよんでいる。

小袖の手

着物に怨霊が宿る話もある。慶長のころ（一五九六〜一六一五）京都の知恩院前に住んでいた

図26　火消婆（『今昔画図続百鬼』より）

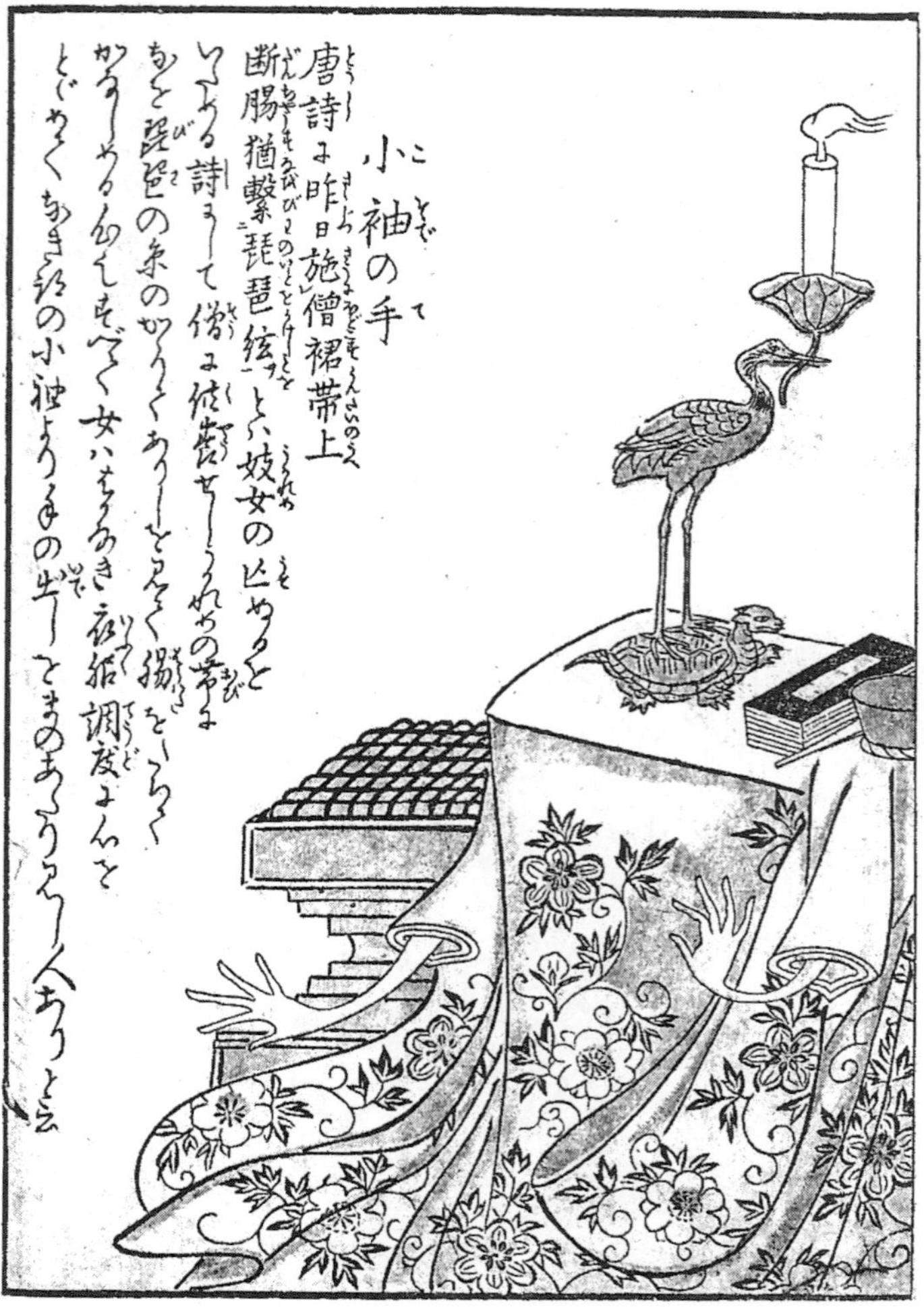

図27　小袖の手（『今昔百鬼拾遺』より）

松屋七右衛門という人が、一人娘のために古着屋から上等の小袖を買ってやった。ところが、娘はその着物をきてから気分がすぐれず、病気になってしまった。ある日、七右衛門が外から帰ってくると、青ざめた女が娘に買ってやった小袖を着て立っている。女は七右衛門の顔を見るなりパッと消え去ってしまった。不思議に思って箪笥をあけてみると、そこには小袖がたたんだまま納まっていた。気味が悪いので、その小袖を売り払ってしまおうと、そばの衣桁に掛けておいたところ、小袖の両袖口から白い女の手がスーッとでてきた。びっくりして大勢集まってその小袖を調べてみると、肩先から袈裟がけに切られていた。そこはうまく縫い合わされ、美しい花模様があしらわれていて、傷口を隠してあった。それでこの小袖はきっと斬られた女が着ていたのであろうと、お寺に納めて供養すると、娘の病気も回復したという。こうした話は『百鬼夜行』にも書かれている。

チイチイ小袴

昔、佐渡のある山家に一人暮しの老婆がいた。ある暁の夜更けに、いつものように一人糸紡ぎをしていると、どこからか一人の小男がやってきた。小さい四角張った男できちんと袴をはいている。そして、お婆さん一人で寂しいだろうから私が踊ってみようと、「チイチイ袴に木脇差を差して、これ婆さんネンネンや」と歌いながら踊って、どこかへ消えてしまった。気味悪く思って夜を明かした老婆が家中調べたら、縁の下に小さな古い鉄漿《かね》つけ楊枝があった。さっそくそれを焼き捨てたら、その夜からはなんの不思議もなくなったという。昔から古い鉄漿つけ楊枝はそろえて焼き捨てるものといわれたが、それをしないと、こうした器物も化けてでてくるのである。

銭神・金霊

夕暮れに薄雲のようなものが立ちこめる気配がして、何やらわからぬ声らしきものを発して、人家の軒先を走ることがある。それを刀で斬り止めると、銭がたくさんこぼれ落ちてくる、きわめて珍しい妖怪の話が『百物語評判』に載っている。この妖怪を「銭神《ぜにがみ》」というらしい。これによく似た「金霊《かなだま》」という妖怪がいる。ある日突然蔵の戸が開いて、どこからともなくたくさんの金銭が舞い込んでくるという。

面癘鬼

古面が化けることもある。昔、泉屋銀七という人が、あるとき老母の隠居を訪れたところ、遠寺の鐘九ツが鳴り北風が烈しく吹いてきた。そのうちどこからともなく一人の女が髪を乱し、空色の布子を着て、紺色の前垂れをして現れ、上り口に後ろを向いて坐り、顔を見せない。銀七が

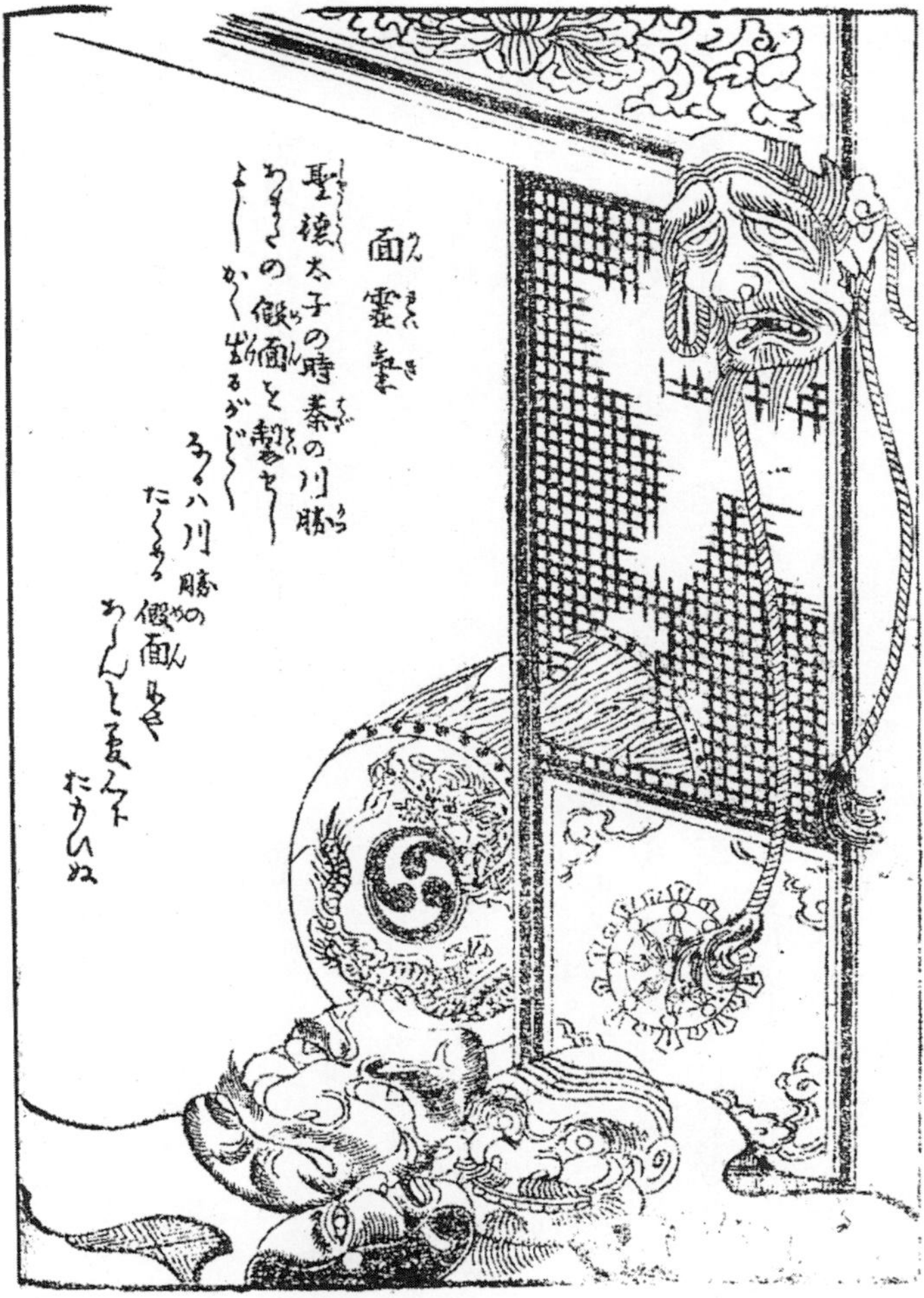

図28　面霊気（『画図百器徒然袋』より）

名を聞いても返事をしない。不審に思って上り口のほうへ行こうとすると、女は味噌桶のほうへ行き、いつしか姿はもうろうとして消えてしまった。銀七がその妖怪を探しまわると、春日の古面がでてきた。これこそが妖怪の主であろうと、さっそく村の社へ献上すると、その後はこうした妖怪は現れなくなったという。

恙虫・吉六虫・お菊虫・常元虫

昔、斉明天皇の時代に、石見国（島根県）八上の山奥に「恙《つつが》」という虫が現れて、夜は人家に忍び込んで人の眠りをうかがい、生血を吸って人を刺し殺した。そこで、陰陽博士がその虫を封じ込んだ。このことから無事なことを「恙なし」というようになったと『下学集《かがくしゅう》』などではいっている。

ところで、人間の妄魂が虫となって人を恐怖させる例もきわめて多い。宝暦年間（一七五一〜六四）下野国（栃木県）に吉六という男が住んでいたが、六兵衛という人に軽蔑されたのを遺憾に思い、ついに六兵衛を殺してしまった。吉六自身も獄舎にほうり込まれ、獄中で死んでしまった。この吉六の妄魂はそれ以後、虫になって人びとを恐怖させた。人よんでこの虫を「吉六虫《きつちよん》」といった。

大和国（奈良県）から二上山を越えて河内国（大阪府）にいたる道には、穴虫越え・竹内越え・岩屋越えとあるが、この穴虫に昔、木熊という人がいた。女であるともいわれている。隣の馬場というところの畑の大根を盗んだので、村人は木熊を捕らえて見せしめに生きながら穴に埋めた。木熊は首だけ出して苦しまぎれに「おれが死んだら虫になって、馬場の大根を食い荒らしてやる」といって息絶えた。それ以来、馬場には大根の虫が多く、その虫を「きくま虫」といい、今なお「馬場穴虫小在所で怖い、木熊埋められた生きながら」という俗謡が遺っている。

奈良県葛城市には昔、櫛屋があってお菊という娘がいた。家が貧乏なので十五歳のお菊は、重い荷を背負ってあちこち櫛の行商に歩いていたが、なかなか思うように櫛は売れず、その日の米も買えなかった。せっぱつまってある日お菊は郷倉に入って、その夜のお粥を炊くだけの米をつかもうとした。そこを役人に見つけられ、お菊は油喜の家の前の小川に飛び込み、樋のなかにもぐり込んで隠れたが、ついに見つかり役人に突き殺されてしまった。それからというもの、田植えの始まるころになると毎年、油喜の家の前の小川の石垣から川下にかけて、梳き櫛に似た形で螢に似た光を放つ虫が一面に現れるようになった。人びとはこの虫をお菊の妄念だといい「お菊虫」とよんでいる。

昔、蒲生家の侍、南蛇井源太左衛門という人が、天正の兵乱によって主家を離れて無頼の徒となり、諸国を横行して人びとに害を与えていた。老年になって近江国（滋賀県）志賀郡別保（大津市別保）の里に落ち着いたが、依然悪を働いた。人の勧めによって髪を切り、名を常元と改め、やや真人間らしい生活を送ることになったが、諸国に横行する奸賊が召し捕られた際、常元もかつての悪行によって捕らえられ、柿の木に縛りつけられて、諸人にさらされたのち斬罪に処せられた。常元はその死に臨んでさまざまな悪態をはき、また人びとの憎しみを受けた。死骸は庄屋藤吉に引き渡された。藤吉は源太左衛門が縛られた柿の木の根方に埋葬した。すると数日して、葬った封土の上に怪しげな虫がおびただしく発生した。その虫は人を縛ったような形をしていて、しばらくすると蛙になって飛び去ってしまった。この虫が毎年かならず発生するので、人びとは常元の妄魂と信じ、これを「常元虫」とよんだ。そしてその柿の木は、西念寺と称する寺の戌の方角（北西）にある。そこは空き地になっていて、もしそこに家を建てて住むものがあればかならず祟るといい、そこを常元屋敷とよんでいる。

笈の化け物

道具が化けるという意識も人びとの間にはあった。ことに中世以降はそうした意識が広まった。『付喪神草紙』には「陰陽雑記に器物百年を経て化して精霊を得てより人の心を誑かす。これを付喪神と号すといえり」と記しているが、この付喪神というのは物にとり憑いた精霊のことである。足利直義《ただよし》の館に出没したという「笈の化け物」もその一つで、『本朝続述異記』によると、それは体が笈で、その上に山伏の頭があって、口に折れた刀をくわえて火を吐いていた。笈の脚の部分が、鷹か鷲のような形をした妖怪で、直義の寝所に現れたという。

鵼

鵼《ぬえ》という妖怪は、頭は猿、体は狸、尾は蛇、手足は虎といわれ、その正体はじつに曖昧模糊としている。曖昧で何を考えているかわからない人間のことを「鵼的人物」と評するのも、そのことをよくものがたっている。この鵼という妖怪が、歴史上でもよく現れて話題になっている。有名な説話では源三位頼政の鵼退治がある。

仁平三年（一一五三）、近衛天皇が毎夜なにものかに脅えているので、高僧を招いて秘法を厳《ごん》修《しゅ》したが、いっこうに験がなかった。その脅えは、丑の刻に東三条の森のほうから黒雲がたなびいてきて御殿の上を覆う時刻なので、公卿が集まって相談した。堀川天皇のときも同じようなことがあって、源義家がその黒雲を払ったという故事にならって、源頼政に黒雲退治を命じた。頼政が郎等猪早太《いのはやた》を従えて待ちかまえていると、やはり丑の刻になると黒雲が御殿の上にたなびいてきた。よく見ると雲のなかに怪しい姿が見られる。矢を射ると手ごたえがあって落ちてきた。それを押さえ込んでよく見ると鵼であった。この妖怪をうつぼ船に入れて西海に流したという。この話は『平家物語』にみえ、のち説話集『十訓抄《じっきんしょう》』にも収められた。このうつぼ船が芦屋の浦に流れつき、浦の人たちが鵼を埋めて鵼塚を造ったという。こうした話は頼政にかぎらず坂上田村麻呂とか、いろいろの人物の話として伝えられている。

図29　鵺（『今昔画図続百鬼』より）

鼠

鼠も人を化かすことがある。昔、京都四条の徳田某が加茂の古御所を買って引き移った。ある夜、衣冠を正した貴人がきて、息子の婚礼に一晩だけ屋敷を貸してほしいと頼んだ。疑わずに承知すると、その夜、大小二百ばかりの提灯の行列があり、輿・乗り物がたくさん舁《かき》入れられ、二、三百人もの男女がきて膳につき、大宴会がもたれた。ところが、風が吹いてきて灯火が消えてしまったので、徳田某が点火するともうそこには誰一人いない。そして茶道具をはじめ、あらゆる什器類がみな壊されている。ただ一つ床に掛けてあった「牡丹花下の猫」の図一幅だけが無事であった。この怪事は屋敷に棲んでいた古鼠の仕業であったという。

また、越前（福井県）朝倉藩の平井某なる人が独酌で酒を飲んでいると、冠服を着たものが十四、五人の家来を連れて通った。そのうちの二人が皿のなかの魚を取ろうとしたので、平井某は弓でこれを射殺した。その後七、八名のものが謝罪にきたが、それは鼠の化けたものであったという。

化け猫

川口甚平という人が京都の本行院の和尚に会いにきたとき、ふと三匹の子猫が女に化けているのを見た。驚いてこれを和尚に告げると、和尚も驚いてさっそく子猫を三匹とも追放した。すると猫は甚平を怨み、甚平はそれからなんとなく苦しみだし、猫のおもかげが目についてとうとう病となり、ついにはかなくなってしまったという話が『太平百物語』に記されている。

猫というのは執念深い動物で、「鍋島の猫騒動」をはじめ、化け猫の話は数限りなくある。講談で語られる「有馬の猫騒動」などはその一つで、よく知られている話である。筑後（福岡県）久留米二十一万石を領した有馬家九代頼豊の夫人は、出雲（島根県）松江十八万石、松平出羽守の娘であった。その夫人に里方からついてきた奥女中が殿様の寵愛を受けるようになった。それで他の奥女中たちが、他藩からついてきた彼女を徹底的にいびり、自殺させてしまった。そこで彼女の下女が仇を討とうと、女主人を虐待した中心人物である老女の部屋に忍び込んだ。見つかって返り討ちにあうところを、飛び出してきた亡き女主人のかわいがっていた猫によって助けられた。この猫は老女の咽喉《のど》を噛み切って殺すとともに、同じく女主人をいびった足軽をも食い殺し、さらに有馬家の家来山村典膳の老母も殺したうえで、その老母に化けてしまった。それを知らない典膳が、あるとき殿様が庭にでたところへ怪しい獣が飛び出したので一太刀浴びせて追い

図30　猫また（『画図百鬼夜行』より）

払った。そして帰宅してみると老母の額に刀傷がついていた。怪訝《けげん》に思い老母の挙動を見守っていると、ようやく猫が老母に化けていることに気づいた。そこで典膳は抱え力士小野川喜三郎の力を借りて、火の見櫓に潜伏していた化け猫を退治したという。

猫は化けて人間に危害を加えるだけでなく、人間を助けてもくれる。昔、ある旧家に長い間飼われていた猫がいた。この旧家があることから家産が傾き、すっかり零落してしまった。ところが、この飼い猫はたいへん主人思いの猫であった。ある日、主人がみずからは貧しくとも猫には食べさせてやろうと、夕食を食べさせてやった。すると猫は、寝るころになってどこへともなく姿を消してしまった。翌朝主人が目を覚ますと、枕元に八文の銭がある。その日夕食をすませるとまた猫がいなくなる。つぎの朝になるとまた八文の銭が枕元にある。こうしたことが何日も続いた。主人はこの八文の銭はきっと猫の仕業にちがいないと、ある晩、夕食のあと猫をつけて行くと広い河原にでた。すると猫は急に立ち止まってあたりを見回したのち、カワモという植物を取って頭につけ、盲人の姿に化けて町にでて、少しずつ銭を儲けていた。こうして猫は八文の銭を主人に贈っていたが、主人にそうしたことはやめるようにこんこんと諭され、家をでてどこへともなく姿を消してしまったという話が静岡県に伝えられている。

さらに、昔、田舎に小さな寺があった。その寺は檀家も少なく成り立たなくなった。和尚は永年飼っていた猫をよんで事情を話し、暇をやるからどこかへ行って、長者の家にでも棲みついて幸福に暮らすように諭した。すると猫は涙を流し、永い間、お世話になっておきながら寺のつぶれるのを見捨てられない。自分は神通力を得たのでその力でご恩返しをしたい。近いうちに村一番の長者の母親が死ぬから、その葬式の日にはこのようにしなさいと、その策を和尚に授けた。やがて、猫のいうように長者の母親が死んだ。その葬式の日に和尚が引導を渡すときに、突然黒雲がたなびいて棺桶が空高く舞い上がってしまった。和尚がさっそく猫に教わったように祈禱をはじめると、棺桶は元の位置に安置され、黒雲は消え失せてしまった。こうして葬式は無事にすみ、和尚の霊力に人びとは感服した。寺は再建されて、和尚は高位にのぼった。それからのちも猫は和尚によく仕え、和尚もまた猫をわが子のようにかわいがったという。

猫はこうした性格をもっているため、猫を飼うときには、まずはじめに「二年飼ってやる」とか「三年飼ってやる」とか、年限を定めておかねばならない。年限を決めずにおくと古猫になって化けることがある。年限を定めておくと、時期がくるとどこへともなく姿を消してしまう。そして毒を食うか殺されないかぎり、その死骸は人間に見せないという。和歌山県牟婁郡では、人間に殺されたときは、その猫の口から南瓜が成り、殺した人に食わせて怨みに酬いるというし、人間が猫を殺したらその死霊にとり憑かれ、助けてやろうとしてもその死霊から逃れられないという。

猫の化けるのを防ぐ手段としては、子猫のうちに尻尾を切って、根元だけをわずかに残しておくとよいという。尻尾の二本に裂けたいわゆる猫股はよく化けるので、尻尾を切るのも猫股にならないようにするためという。この猫股の話は越後国（新潟県）に多く伝わる。昔、ある武士の家で、毎夜手鞠ほどの大きさの火が、畳から三寸ほど上を這うように飛んで行き、ときには近くの榎にはい登る。また、女中部屋に入り込んだり、寝ている間に枕を逆さにして寝ている方向を変えてしまったり、人もいないのに糸車が回ったり不思議なことが起こった。この家の主人はなんとかその正体をつきとめてやろうと心がけていたが、ある日それとなく庭の木を見ると、大きな古猫が一匹、赤い手拭いをかぶって尾と足で巧みに立ち、四方を見回していた。そこで主人が弓に矢をつがえて、ねらいを定めて放つと矢は猫の急所にあたったが、猫は体に立った矢をずたずたに咬み折ってそのまま息絶えた。その死骸を見ると尾は二股に分かれ、身の丈は五尺もある大猫であった。それ以後、怪火も異変も起こらなくなったという。

土蜘蛛(大蜘蛛)

武勇をもって知られる源頼光が、瘧病という今のマラリヤに類する熱病にかかり、どのような手だてを講じても治らず、頭痛・発熱で苦しんだ。ある夜、看病をしていた四天王がそれぞれ部屋に引き下がって夜も更けたころ、かすかな灯台の明かりの影から、身の丈七尺(約二一〇センチ)もあろうかと思われる大法師がするすると現れて、縄をさばいて頼光をからめようとしたので、目を覚ました頼光が斬りつけた。その音を聞いて四天王が駆けつけてみると、灯台の下に血がこぼれていた。そのあとを追って行くと、北野の社の後ろの大きな塚に入っている。その塚を掘り崩してみると四尺ばかりの大蜘蛛がいた。それをからめ捕って鉄の串に刺して河原にさらした。それから頼光の病はスッと治った。それで頼光が斬った刀を「蜘蛛切」と名づけたという。この話は『平家物語』にでていて、謡曲「土蜘蛛」で有名であり、『土蜘蛛草紙』というお伽草子にも語られている。

昔、京都の五条烏丸に大善院という寺があった。山伏覚円が泊まると、夜更けに風雨が強まり、山を崩すような音がして堂内が震動し、天井から大きな毛の生えた手がでて、覚円の額をなでた。覚円が刀でそれを斬るとたしかに手ごたえがあって、ついに長さ二尺八寸ばかりの大蜘蛛となったという。『狗張子』に記されている話である。

また、美作国《みまさか》（岡山県）高田（津山市）の弥六という郷士が、別荘の縁側で仮寝をしていると、女郎蜘蛛が女に化けて一夜の枕を交わさんとすすめ、ついに大厦《たいか》高楼へ連れて行かれたという話が『太平百物語』に記されている。

さらに昔、信濃国（長野県）下水内郡飯山（飯山市）の僻村に、母子二人暮しの貧しい農家があって、息子がふとした病から床についた。そしてときどき「蜘蛛がくる。蜘蛛がくる」といって悶え苦しんだ。それで母親は、蜘蛛を見つけたら踏み殺してやろうと待ちかまえていた。病人には蜘蛛の姿がはっきり見えるようであるが、母親にはその姿はまったく見えなかった。母親は飯山の有尾というところの神主に祈禱をしてもらって、祈禱札を蜘蛛の入ってきそうな戸口という戸口に貼りめぐらせたが、いっこうに利き目はなかった。しかし何日かすると、母親の目に蜘蛛の姿が見えるようになり、褥《しとね》の下にひそんだ蜘蛛を押さえつけたが、大蜘蛛の力は強くどうすることもできなかった。そして逆に、母親はだんだん蜘蛛の糸に巻きつかれ、締めつけられて目もかすんできた。そこで、ありったけの声をふりしぼって助けを求めたので、人びとが斧や鉈を持って集まり、蜘蛛の糸を断ち切り、蜘蛛も切り刻んだ。こうして蜘蛛が退治されてから、息子の病気は快方に向かったという。

このように、蜘蛛ははじめめったに姿を見せず、法師とかさまざまな姿を借りて現れ、危害を加えるが、もっとも恐れるのは頼光の土蜘蛛退治の話のように、武勇をもって聞こえる勇士であり、また刀や斧などの刃物であった。蜘蛛は一般に怨霊だと理解されてきた。昔、京都西の京に江崎源八という人がいた。妻との間に子がなかったので、妻にも承諾させて妾の腹にできた源太郎という子を自分の家に引き取った。するとあるとき、寝ていた妻の鼻の穴から一匹の蜘蛛がでてきて、源太郎の耳のなかへ入った。そして、源太郎はただちに悶死してしまった。これは妻の生霊のなせる業というので、源八は妻に暇を出し、みずからも遁世してしまったという話が『怪談醜夜光魂』にでている。この蜘蛛はさきのような土蜘蛛・大蜘蛛ではないが、やはり蜘蛛の怪奇譚である。

したがって、蜘蛛は恐れられ、今日においても民間では、昼の蜘蛛はよいが夜の蜘蛛は悪いといって、夜、蜘蛛を見つけたらかならず殺してしまえという伝承がある。

蟇の化け物

昔、京都伏見街道の朽木橋の橋詰に、喜右衛門という農夫が住んでいた。ある日身の丈九尺余りの二人の法師に出会い、彼らに連れられて霞谷の洞窟のなかに入った。法師が洞窟の入口で番をしていたが、眠ったのを見計らって、喜右衛門は鋤で二人を斬り殺して家に逃げ帰った。どうしても不審なので翌日現場にいってみると、洞窟の口に一尺ばかりの蟇と亀が打たれて死んでいたという。『狗張子』にある話である。ここでは亀も化けることになっている。

ある古い家に住んでいた人が、なんとなく患って衰えていった。ある日、この家の縁側に雀がきていたが、どうということもなく縁の下に飛んで入ったまま行方知れずになった。不思議に思ってよく見ていると、縁際にきた猫や鼬《いたち》なども、吸い込まれるように床下に入っていって行方知れずになる。こんなことがたび重なるので、その家の主人が床をはがしてよくみると、大きな蟇が床下のくぼみにひそんでいた。そして、おびただしい毛髪や枯骨がそばにあった。そこで今までの不思議はこの蟇にちがいないと、蟇を打ち殺して床下をきれいにすると、病人も日一日と快方に向かい元気になったという。『耳袋』にある話である。

香川県の話であるが、若者たちが五、六人泊まっていた山小屋に、ある夜、道に迷ったので泊めてほしいと美しい娘がやってきた。泊めてやったが、若者の一人が怪しんで眠ったふりをして様子をうかがっていると、その娘は仲間の男のところへ這って行って、口から血を吸いはじめた。そこで若者が木割の斧で娘の頭を打つと、娘はフッと姿を消してしまった。夜が明けてみると、血を吸われた仲間の男は死んでいた。小屋の外へでると血の跡がついているので、それを辿って行くと、巣の前で大きな蟇が死んでいたという。

すっぽんの化け物

動物のなかで、すっぽんは昔から執念深いものとされている。丹波のある百姓が、すっぽんを売って渡世としていたが、すっぽんの怨念はついに十丈余りの高入道となって現れた。そして、この百姓に子供が生まれた。その子は上唇が尖り、目が丸くて鋭く、すっぽんのようであった。髪は身の丈よりも長く、手足に水掻きがあり、母親の乳を吸い出し、ミミズを食べたと『旅の曙』に記されている。

また、江戸時代にはすっぽんを専門に売っている店があった。すっぽんは精力がつくとか、痔疾に効くとかいうが、すっぽんの肉の味そのものを好む人もあった。名古屋である男がいつも二、三人誘って、寄り合ってすっぽんの肉で酒を飲んでいた。ある日、その男がすっぽんを買いに行くと、すっぽん屋の主人がすっぽんのような顔をしていた。びっくりして足を見ると、ばかに長く幽霊のようであったので、家に逃げて帰ったが、ガタガタと震えがとまらず、炬燵《こたつ》にあたっても二、三日震えっぱなしであったという。

大首

雨上がりで星のでたときなどに、突然現れる大きな人間の首が「大首」という妖怪。長い髪を振り乱して大きく口を開けて笑い、歯にはお歯黒をつけている。平安時代末に平清盛が現在の神戸市兵庫区福原に都を遷したときには、約二メートルもある大きな首が、屋敷の塀の上から笑いかけたという。

江戸時代の『夭怪着到牒《ばけものちやくとうちよう》』という書物には、屋敷に現れた侍の大首が描かれている。ある荒屋敷で侍たちが夜の番をしていたところ、夜も更けてついウトウトと居眠りをした。そこへ襖を開けて大きな侍の首が現れて、「ご苦労」といい、夜の番の侍たちを驚かせたという。

二口女

昔、自分の産んだ子供だけを愛し、先妻の子供に御飯を与えない母親がいた。そのため、とうとう先妻の子は飢え死にしてしまった。死んで四十九日目のこと、父親が薪を割っていたとき、誤ってこの母親の頭に傷をつけてしまった。その後、傷は少しもよくならず、やがて唇の形になり、歯が生え、舌ができ、ひどく痛んだ。そこに食べ物を入れると痛みがやわらぐので、毎日御飯を入れると、まるで二つ口があるようになり、その口から「自分の意地悪から先妻の子供を殺してしまった」という声が聞こえてきた。そうしたことから、この女を「二口女」と呼んだという。

犬神

死んだ人や生きている人の霊、動物や植物の霊が、人間にとり憑いて祟る憑物に、「犬神」という妖怪がいる。犬神は柱に縄で繋がれ、もう少しで届くところに餌をおかれて、食べることができなくて飢え死にさせられた犬の首を、呪物として祀ったのが起こりといわれている。

その正体は鼬のように尻尾が長く、鼠ぐらいの小さな獣で、主人の意志で他の人に危害を加える。犬神に取り付かれた人は、犬のように吠えたり跳ねたりするといわれる。犬神はまた、指先ほどの小さな穴から出入りして、体の悪いところにとどまって、原因不明の高熱を出して寝込ませてしまうという。

Ⅱ　妖　怪——その聖と俗——

1　妖怪の性格

妖怪とは、人知で不思議と考えられるような現象または異様な物体をいい、一般には「おばけ」「化け物」などの言葉でよばれているもので、人間に畏怖の念を抱かせるものである。

人間がこの世に営みを立てるとき、里であれ山であれ海であれ、たえず自然との対決を迫られていた。そうしたとき、どうしても人間の力は万能ではなく、自然界の脅威を味わわなければならなかった。その脅威のなかに人知では計り知れない、正体不明のさまざまな現象があり、超自然的なもの、超自然的な働きを認めなければならなかった。

そうしたことは、すでに『古事記』や『日本書紀』あるいは『風土記』などにも数多く記されている。天窟戸《あまのいわと》の変のとき天地晦冥《かいめい》となり、群妖が起こったという話をはじめ、伊弉諾尊《いざなぎのみこと》の投げた櫛が筍《たけのこ》に化けたり、鬘《かずら》が葡萄になった話、素戔嗚尊《すさのおのみこと》が泣くと荒山が枯山となり、歩くと天地が動揺したとか、日本の神話・伝説に語られる話は、どれもこれも不可思議な世界である。これらは超自然的な現象で、今いう妖怪と同じである。妖怪は古くは「物の怪《け》」とよばれ、のちには「百鬼夜行《やぎょう》」であるとか「魑魅魍魎《ちみもうりょう》」などの言葉で表現され、人間の心意がよく示されている。

こうした不可思議な現象に対して、個人ではなく、ある種の共同体に属するもの、同じ生活領域にあるものが、共通の心意をもって感得した場合、すなわち共同幻想・共同幻覚・共同幻聴することによって、妖怪そのものが生活のなかにイメージされ、その妖怪が人間と交渉をもつことになるのである。この共同幻想・共同幻覚・共同幻聴は、日本人がそれぞれの生活のなかで、共通の経験と知識をもっていたから起きることで、それはまた共通した民間信仰、霊魂観念を醸成していたからでもある。そのため、多彩な妖怪の活動に対して、南北に長い日本列島にありながら、きわだった地域的差異もなく、どこの話もまたみずからの生活のなかで受け止めることができたのである。それが妖怪の命脈を現代にまで保ってきた大いなる理由である。

この人と摩訶不思議なるものとの交渉のなかで、人はそこに神秘性を認めたのであった。人びとの暮らしに吉事をもたらすものであれ、凶事をもたらすものであれ、それは神のなせる業であるように意識する。すなわちここに、妖怪と神を一体化する考えが生まれたのである。その際、人間にとって好ましい存在と意識された妖怪は、神として崇められるようになるし、好ましからざる存在と認められた妖怪は、そのまま妖怪として恐れられつづける。また、神のなかにもその聖なる力を衰弱させ、零落してしまうと妖怪化するものもあった。しかし、そうした姿は永遠に固定したものではなく、人間の意識・感覚によって変るものである。そこに妖怪のもつ二面性がある。妖怪は一面において人間を畏怖させるが、また一面において人間に恵みを与えてくれることもある。鬼や天狗、河童や山姥《やまんば》の話にそれが顕著に表れてくるのである。

奈良の元興寺に夜な夜な現れて、鐘を撞く童子を殺した鬼は、怨霊が化したものであると意識されたし、これも人を食う恐ろしい妖怪である。一方「大江山酒顚《しゆてん》童子」の鬼になると、もとは聖なる地主神であったが、新来の神に追われて零落し、妖怪化したのである。しかし、この鬼は童子と称するように、童形の稚児すなわち神の化身と意識されている。また、「一寸法師」の鬼になると、新しい精霊である法師に、逆にいためつけられるし、さらには鬼は人びとに幸福をもたらす神の化身であるとされる。修正会《しゆしようえ》などにでてくる悪霊を祓う鬼、正月の来訪神として家々を訪れる秋田のナマハゲなど、その他数多くの事例が認められる。また、神事・芸能に現れる鬼は、はじめ恐ろしい鬼として出現するが、やがて神に圧伏されて、今度は人間を祝福する善神となって退場する型が多い。同じ鬼でも時代により、人びとの共感によってイメージが変わってくるのである。

山姥も人を食う恐ろしい妖怪であるが、これも山の女神であったり、あるいは山の神の使いと認識される一面がある。性悪のものには危害を加えるが、性善のものには福をもたらし、そうした家に山姥がとり憑くと、その家が富むというように、家の守護神ともなる。これも人間の対応によって、その性格が異なってくるのである。

ところで、家の守護神から妖怪化するものもあり、その代表的なものとしてザシキワラシがあげられる。もとはその家に棲む童形の精霊であった。それが正常とはいささか異なった異形の風体や、さまざまな悪戯・所業から、妖怪に列せられたが、やはりザシキワラシがその家に棲みついているかぎり、安泰であるというのは、その精霊としての霊力を人びとが信じていたからである。

こうした妖怪の諸相をみた場合、人間側の妖怪に対する思考・態度が、妖怪の性格を規定し、また妖怪を変質させている。まずはじめは、やはり自然界の怪異をそのまま素直に受けとめ、畏怖したのであった。しかし一方、自然界における神の存在を信じ、後世「神異奇瑞」の言葉で表されるように、人知を超えた不可思議な現象を神のなせる業とする思考があり、この神霊・神威と妖怪のもつ超自然的能力が一体化して意識された。ここで人間を畏怖させ、さらに危害を加えるような妖怪を、零落した神霊、怨みをもつ神霊の姿と考えるようになる。そしてまた、妖怪は善悪・吉凶二つの個性、あるいは両様の能力に分けて二面性をもつようになる。

さらに神霊が零落して妖怪化したものをも含めて、その怪異を生活のなかに受け入れ、人間自身がときにその存在を認め、正体を暴露したり退治することなく共存してきたのである。そればかりでなく、むしろ妖怪出現の諸現象をみずからの生活の自省の糧とし、また妖怪の超能力・怪異に託して、現実生活の矛盾からくるいらだちを消化せしめようとさえする。さまざまな昔話や伝説もこうしたなかから語られてきたのであった。

2　妖怪の出現空間

こうした妖怪の出現する場所、それは一定せず、場所を選ばず出現するように思われる。しかし大きく分けると、山・海・川・路傍・家屋敷とに分けられよう。鬼・天狗・山爺・山姥・山男・覚・山童などは山の妖怪であり、海坊主・磯女・海女房・牛鬼・舟幽霊などの類は海辺および海上の妖怪である。河童の類は川の妖怪、一つ目小僧・見越し入道や狐・狸などは路傍の妖怪、ザシキワラシやクラボッコその他は家屋敷の妖怪の代表である。

しかし、こうした出現の場所は、人間が永い暮らしのなかで、おのずから心意的に特別の空間と意識したところである。日本人はみずからの住んでいる現実の世界、いわゆる現世に対して、もう一つ別の世界があると想像した、この世界がほかならぬ他界である。この他界は大きくは天空他界・山中他界・海上他界であり、ここは祖霊の住む常世の世界であるが、この他界との心意的な境が峠であり、海浜であり、もっと身近なところでは辻であり川であった。

そうしたところは、現世と他界の交流する場であり、聖なる霊もそこに集まり、またそこを通るのである。ということはさまざまな霊、すなわち聖なるものに昇華しない霊、あるいは零落した霊もそこに集まり、妖しきものも跳梁するのである。山におけるその場所は奥山と里山の境に位置するところである。山でる妖怪の多くは深山幽谷の奥山にはでない。山といちがいにいうけれども、実際は人間の日常生活の領域からそう離れていないところである。山の神の祀られているところも、山の神の支配する領域と山里との境である。ここから奥は超自然的存在、すなわち神の支配する世界であった。だからこそ侵すことに人びとは畏怖を感じたのであり、この畏怖心がさまざまな禁忌を生み、マタギや杣夫《きこり》は山中では特別な山言葉を使ったのであった。鬼や天狗や山姥などの面相は、そうした畏怖から生み出されたものである。

海の場合も、底知れぬ大海原はすでに人の支配のおよばぬ、海神や竜神の支配する異界であると人びとは考えた。そして、暗黒の海底は海神・竜神の棲むところであり、一面で人びとにとっては恐怖であった。そのため、山における山言葉と同じく、海上では特別な沖言葉を用いて、神の怒りに触れぬように心がけたのである。この海底の世界と人間の生活領域との境が海面であり、ここに海坊主や舟幽霊などが出現するのである。また海と里との境として磯浜があり、ここは海から恵みをもたらされるところである。海辺に寄ってくる魚類は神の恵みであるとし、そして海辺に漂着するものはすべて神が宿っているものと理解し、ときにそれらを神体として祀ることもあった。これを寄神《よりがみ》という。漁業の神として広く信仰されているエビスもまた寄神であることが多く、これが漂着した浜辺に祀られる。こうしたところには、恵みをもたらしてくれる神のほかに、やはりもろもろの妖しき霊も集ってくるのである。磯女・濡れ女・産女《うぶめ》や牛鬼などがその例である。

村里や町場に住むものにとって、現実界と異界との心意的境界は、辻であり川である。まず、辻はやはり神霊のよってくるところ、集まるところである。正月の神もここから迎えるところがある。例えば奈良県の大和高原では、大晦日の日没に松明《たいまつ》に火をつけて「福丸コッコ」と唱えながら、村はずれの四つ辻とか三つ辻に行く。そこで松明の火を藁に移し、藁が燃え尽きてしまうと、また「福丸コッコ」と唱えながら河原に行き、そこで丸い石を拾って持ち帰る。これが年神迎えであり、川の丸石は年神の象徴とされるのである。辻や川はこうした年神の来臨する場所である。

盆に精霊迎えをするのも辻や河原である。これも松明を持って三つ辻や四つ辻に行き、そこで松明あるいは線香に火をつけて、祖先の霊を迎えてくる風が各地にみられる。こうした風は、先祖の霊が辻に現れるという日本人の信仰の所産である。岐阜県加茂郡あたりでは、盆に女の子が辻に集まって、竈を造って煮炊きをして、共同飲食をしたという。共同飲食そのものは、単に人間同士が一味同心するのではなく、本質的には神や仏や聖なる霊と人間が直会《なおらい》するという儀礼ではもっとも重要な要素である。女の子が辻で共同飲食するのは、辻に現れる霊と直会するのである。ここでは辻に現れる無縁仏の霊を慰めるのである。

葬式は、現世から他界へ死者の霊を送るのであるが、その野辺送りの際に、辻ロウソクを立てるのが一般的な風習である。青竹を削った竹串の先にロウソクを立てて、辻々に挿しておくのである。柳田國男の神奈川県津久井郡内郷村（相模原市緑区）の報告のなかにも、葬列の際、長さ七、八寸の竹串の先に白い紙をはさんだものを、辻々に挿していたことを述べられているが、こうしたことは、辻がこの世とあの世、すなわち現世と他界の境にあたる場所であるという潜在意識があったからである。

わが国には古くから捨て子の習俗がある。これは庶民だけでなく、徳川将軍家においても行われていたことが『徳川実紀』などに記されている。「四十二の二つ子」といって、父親の四十二歳に子供が二歳になることが忌まれ、また子供が産まれても早死にすることも忌まれた。そうしたとき、その忌まれる家の子ではなく、寿福の家の子、長寿筋の家の子とするため、産まれた子供を道端に捨てて、あらかじめ拾ってくれる長寿筋の人を頼んでおいて、その人に拾ってもらう。拾った人は新しい産着を着せて、こんな良い子を拾いましたと抱いてきてくれるのである。こうすることによって忌を祓ったのであるが、この捨てる道端というのは三つ辻、四つ辻である。すなわち、ここは現世と他界の境界なので、忌まれる条件の子は一度他界へ行って、ふたたび縁起の良い子として再生したことになるのである。

昔、京都御所の丑寅《うしとら》の隅のほうの辻を夜更けて通ると、瞬間に方角を見失って動けなくなってしまうといわれた。そのためこの辻を「蹲踞《そんきよ》の辻」すなわち「うずくまる辻」と称したことが『笈埃随筆《きゆうあいずいひつ》』に記され、こうした話は随所に見受けられる。産女《うぶめ》などの妖怪が現れるのも辻である。すなわち霊の現れるところは、聖なる霊ばかりでなく、妖しい霊も出没する格好の場所であり、こうした辻にはいろいろな祭事・呪術が伝承されている。「屋守の鐘馗《しょうき》」もその一つである。これは各地にみられるが、三叉路で家の前に一筋の道の通じている家の屋根には、軒先に瓦製の鐘馗像を戴せている。鐘馗の信仰は中国渡来のものであるが、厄除け・悪魔祓いの神である。これを軒に据えて三叉路を睨んでいるということは、三叉路すなわち辻は悪霊の出没する場所であるという意識の表れである。よく知られる沖縄の屋根獅子や石敢当《いしがんとう》も同じ意味をもつものである。

京都府宇治市蓮華の県《あがた》神社では、毎年六月八日に「大幣神事」が行われる。これは平安時代以来の道饗《みちあえ》祭、すなわち疫神祭である。長さ三メートル余の大幣が巡行するところから「大幣神事」とよばれるが、巡行の際、町の各辻にさしかかると、かならず大幣を立ててその幣串で地搗きの所作をする。この辻に疫神が集まっているので、御幣をもって祓い浄めるのである。そうしたあと大幣に綱をつけて、引きずりながら一気に宇治橋まで行き、大幣を壊して橋の上から川にほうりこみ、あとを見ずに帰る。最後に大幣を川に流すのは、もろもろの災いや悪疫をこれに託して祓い、村落の安全を祈るのである。この神事でも、辻は悪霊の寄り集まるところであることをよくものがたっている。

川も生活空間を区切る大きな境である。川の向こう側は、わが住む此方《こなた》に対して、彼方《かなた》であり異界である。この二つの空間を架け渡すのが橋である。そうした意味で橋はまた現世と他界の境界であり、辻と同じ意味をもっている。かつて山伏修験の祖、役小角《えんのおずぬ》が、吉野山と葛城山をつなぐために、峯から峯へ架ける岩橋を、葛城の鬼神、すなわち一言主神《ひとことぬしのかみ》に命じた話が伝えられているが、これも二つの空間を橋でつなごうとしたのである。すなわち橋は二つの空間の通路であるとともに、一つの境界でもあった。

仏教的世界観でいえば、橋は浄土と現世の渡しであり、また境である。奈良県葛城市当麻の当麻寺では、五月十四日に練供養が行われる。ふだんは曼荼羅堂の名でよばれる本堂が、この日は極楽堂とよばれ、そこから中将姫の安置される娑婆堂まで、来迎橋という橋が架けられ、二十五菩薩が娑婆堂に赴き、来迎橋を渡って中将姫の像を極楽に迎えるのである。この来迎橋はまさに極楽と娑婆の架け橋であり、二つの世界の境である。三年に一度、八月十六日に行われる東京世田谷区奥沢の浄真寺来迎会も同じで、ここではやや反りぎみの高い橋が架けられ、和讃を唱えるなか、何回となく二十五菩薩が渡っていく。希望者が冥加金《みようがきん》を納めて仏の面をかぶり、浄土への代参をするのである。

こうした二十五菩薩来迎会における練供養は、極楽浄土の世界の演劇的表現である。芸能のなかにも橋に対する日本人の心情をよく表したものがある。能における「橋がかり」がその一つである。能「八島」では現実の人であるワキ僧の一夜の夢に、修験道に落ちた義経が現れる。そして、囃子につれて力強く登場する後ジテは、橋がかりを渡って舞台にかかる。このとき橋はまさしく現世と異界（霊界）に架かる橋で、義経の霊は冥界より現れた鬼にほかならない。

近松門左衛門の『心中天網島』は、紙屋治兵衛と遊女小春の悲恋物語である。その戯曲としての技法に、蜆川を東へ、天神橋・梅田橋・緑橋・桜橋と詠み込んでいく、いわゆる「名残の橋づくし」は、二人が浄土への最後の場所と決めた網島の大長寺への道筋、すなわち橋を渡りゆくことによって浄土へ近づいていくさまをよく描いている。こうした近松の技法は、やはり当時の人びとがもっていた橋に対する思いをよく理解していたのであった。

京都一条堀川に架かる戻り橋は有名な橋の一つである。熊野山中で修行中の浄蔵は、父三善清行の訃報に接したが、その葬儀に間に合わず、ちょうどこの戻り橋の上で父親の葬列にであった。そこで浄蔵は加持祈禱を行って、父親を蘇生させて言葉を交わしたと語り伝えられる。あの世から霊魂を戻した橋というところから「戻り橋」の名がついたという。そのため第二次世界大戦中も、出征するものが生きて戻れるように、ひそかにこの橋に詣でて祈願した。また嫁入り行列がこの橋を渡ると出戻りになると忌み、通るのを避けた。『都名所図会』にも婚礼がこの橋を通ることを嫌うと記している。すなわち、この橋はあの世とこの世の境と意識されたのであった。

産育儀式の一つに、「橋渡し」という儀式があり、全国各地にみられる。生後七日目の「七日祝(お七夜)」に新生児の初外出が行われるが、このとき初めて橋のところに抱いていき、橋を渡らせるのである。栃木県佐野市では三つの橋を渡り、その際白米を持参して、渡った橋の左右にまく。また愛知県北設楽郡では宮参りの際に行うが、同じ橋を二度渡らないようにして巡回してくる。新生児の霊魂は他界から現世へ赴いたばかりの、きわめて不安定なものであるため、いつ何時他界へ戻りかねないという不安があった。そのため三つの橋を渡って、確実に現世に新生児の霊魂を渡すために行う儀式であり、また白米をまくのも稲霊の呪力に頼ったのであった。

ところで、著名な日本の神社・仏閣に、多く「太鼓橋」あるいは「反橋」が架けられている。大阪の住吉大社や誉田八幡など枚挙にいとまがない。周防（山口県）岩国の錦帯橋もそうである。こうした橋は神社仏閣の山門前に架かり、厳粛な雰囲気を漂わせるが、これは単に造形的に美観のために造り上げた形状ではない。実際この橋はじつに渡りにくいものである。この橋を境として二つの空間が構成され、橋の内側は神域・伽藍で、いわゆる聖なる空間であり他界である。それに対して外側は現実界である。すなわち、こうした橋をもって現世から他界への交通はまことに多難である。それを克服することによって聖なる地に赴けるのである。そうした境を強調した構成が太鼓橋であり、峠にあたるのである。したがって、神社の場合、祭礼の神輿渡御はかならず困難ながらもこの橋を渡ることを正道とし、現世の氏子地域を巡回するのである。こうした意識は演劇の世界にも表れており、天浮橋を主題にした鷺宮神楽の「八州起原浮橋事之段」では、神楽舞台の中央に浮橋として舞台いっぱいに太鼓橋がしつらえられる。演劇ばかりではなく庭園においてもいえることで、中世の代表的庭園である大乗院においても、池に反橋が架けられている。それは橋をもって二つの空間を区切り、また連鎖する結界の役割をもたせているのである。

また、橋にはいろいろ特異な名前のついたものが多い。そこにはそれぞれの橋の象徴性が込められているのである。「細語橋《ささやき》」や「姿不見橋《すがたみず》」「言問橋《こととい》」などさまざまである。細語橋は明け方そこを通ると何か託宣でも聞いているような、ささやくような声がするという。姿不見橋はそこを通るとどこからか声はするが、姿は見えないという不思議な橋だという。言問橋は何かこちらで声を発すると答えが戻ってくるという。さらに「面影橋《おもかげ》」がある。そこへくると何かちらりと姿が見えるという橋である。

「幽霊橋」というのはじつに多い。東京本所の幽霊橋などは、そこで昔座頭が殺され、その幽霊が明け方になるとでてきて、人に足音を聞かせるという伝説があり、さまざまな幽霊出現の話が語られる。橋のたもとというのは幽霊出現の格好の場所として、昔から幽霊話の背景となっている。ことに橋のたもとの柳の木は、その雰囲気をよく醸し出すのである。この柳という木がまた意味をもっている。柳の木はもともと聖なる木の一つと考えられ、小正月の作りものである「削り掛け」も柳の木を多く用いるし、同じ作りものの一つである「繭玉」や「餅花」もまた、柳の木を用いるのである。この柳の枝の垂れるさまは、稲穂や成りものの穂が垂れ下がるさまを連想させるのである。その聖なる場所に怨念の幽霊がでるところに意味がある。これを後世戯画的にみるならば、柳の垂れた枝が風にそよいで、そこを通る人の頰をなでるさまは妖気的であり、また柳の枝の揺れるさまは、ちょうど幽霊の怨めしい姿を表現する手の格好に合うところから、背景に使われてきたのである。

幽霊でいえば、井戸のなかから現れる描写がしばしばなされる。この井戸というのも現世と他界の通路である。井戸は地中を通って、遙かなる海上の他界に通じるのである。盆の前になると、かつてはかならず井戸浚《さら》えをしたが、それは先祖の霊がこの井戸から帰ってくると信じたからである。この先祖の霊とともに子孫に祀られぬ無縁の霊もぞろぞろついてやってくると考えたために、盆には無縁仏を祀る棚が井戸端に設けられて供養される。こうしてみると井戸に幽霊が出現するのは理にかなった構成である。

ところで、二つの空間を区切る川はまた、生活空間としては奥山・里山と村里・海浜をつなぐものであり、それは山中他界と海上他界を連結するものである。有名な桃太郎の話で、川上から桃がどんぶりこどんぶりこと流れてきて、この桃のなかから特異な能力をもつ童子が誕生するというのも、そうした山と里の交流をものがたるとともに、川上の山中に桃源郷があるという、日本人の思考をものがたるものである。この交流の道筋にまた妖怪が出現するのである。さまざまあるなかの代表的なものが河童である。「川に千年、山に千年」という山と川の両棲妖怪で、川に棲む間は河童、山に棲む間は山童と称するのもそのことをものがたっており、さらに里の池や沼にも棲んで人と交渉するのである。

人が往来する道。これはまた精霊も同じように往来する。山道も村里の道も同じである。人びとがわが住む家をでて道を行くとき、路傍に花を折って手向けるのはそこに精霊がいるからである。「花折峠」などと名づけられているところはそうしたところである。そこはかならずしも険阻な峠ではなく、なだらかな田園のなかの坂ともいうべきところが多い。ここにまたさまよえる霊が跳梁する。ヒダルガミ・ダルとよばれるものなどはその一つである。そこを人が通ると急にひもじくなって歩けなくなる。それはひもじい霊が人間の生気を取ろうとするのである。旅にでたとき、弁当を食べたあとかならず少々飯粒を残しておくべきである。また食べ終わったときは箸を二つ折りにしておけというのは、ダルに憑かれたとき残しておいた飯、すなわち穀霊を一粒でも体内に入れることによって、衰弱した人間の霊を補強するのである。また二つ折りにした箸は、組み合わせると菱形の大きな口になり、その特異な大口で妖怪を恐れさせようというのである。こうした日常の教えは旅行く路傍の妖怪に対するものである。

村里のなかの道についてみれば、昼の世界と夜の世界を考えなければならない。昼間は人びとが働き行き交う日常世界であり、夜はその日常性から聖なる非日常の世界となる。日本の祭で本当の神事は夜に行われ、今いう宵山が神人交歓の真の場であることもそれをものがたる。こうしたときに霊が村里に寄りついて、荘厳の空間を構成するのである。その際零落したさまよえる霊、すなわち妖怪が往来する。路傍に現れる首切り馬やミカハリ婆さんなどはその例である。これらは夜間に村中を巡回するのである。

家屋敷、そこにも多くの妖怪が出没する。家を建てるとき地鎮祭をするのは一般的な風習であるが、それはもとからそこにいる土地の精霊、すなわち先住の神を鎮め、調伏する儀礼である。その上に新しい家が建つと、そこにまた新しい霊が宿るものと意識していた。かつては、田舎においても都市においても、家中をやたら明るくするものではなかった。できるだけ暗くすることを吉とした。大阪の商家などはとくに、家の前に長い暖簾《のれん》を吊るして家のなかを暗くした。こうすると家のなかの福が逃げていかない。したがって、金も貯まるという。すなわち暗い空間に霊が宿るという意識である。だから日常使わない、人気のない暗い座敷にザシキワラシが棲むのである。このザシキワラシが枕返しなどの仕業をするので、「枕返し」とよばれることもあるが、枕返しにも大きな意味がある。枕は人の魂の宿るものであるという信仰は古くからある。だから枕を蹴飛ばしたり乱暴に扱ってはいけない。夜、暗い部屋で寝るということは、枕を通じて別の世界に移行することであり、そのときの寝言は魂の言葉であるという。そこで枕をひっくり返すことは、一時的に異次元の世界へ行くことになるのである。

また家も年月が経つにしたがって、そこに宿る霊もまた成長し、強固なものになるので、古屋敷はことに妖気の漂うものと意識されるのである。そうしたなかでその霊とのかかわりで、怨念をもつ人がいたり、さまざまな歴史が刻みつけられる。そこからよく「開かずの間」とか「入らずの間」というような、入ってはいけない空間ができるのである。ここにはそうした怨念の霊が棲んでいると意識され、開かずの間をもつような家を、化け物屋敷などと称したのであった。

3　妖怪の正体

ところで、幽霊は怪異の共同幻想・共同幻覚から、妖怪と同じに考えられることもあるが、厳密には区別されるべきであろう。妖怪の場合、空想の怪異が動物の妖怪、器物の妖怪、樹木の妖怪その他、さまざまなものの化け物があるが、幽霊は端的にいうと怨念をもった人間の霊が、その意思伝達のために出現するものである。そして、その出現場所はだいたいそれぞれの妖怪によってきまっていて、人間がそこを通らなければ妖怪にであわないのが普通であるが、幽霊はであいたい人間がどこにいようと、でようと思えば千里の道も遠しとせず、どこへでも現れる。逆にいえば幽霊に狙われた人間は、どこへ行っても追いかけられるのである。もちろん、なかにはきまった場所に出現する場合もある。「番町皿屋敷」のお菊や「東海道四谷怪談」のお岩の幽霊などは、その屋敷・場所が怨みの根源の場であることから、そこに限って出現する。この場合、そこに行きあわせたものはその怪異にであうことになる。

妖怪の正体についてみると、人間的姿態をしたものがまずあげられる。赤子や童子の妖怪がその一つであるが、赤子・童子は他界から現世に赴いて間もない霊魂であるため、もっとも霊が憑きやすい存在である。神事・祭礼においても、一つしかないもの、かけがえのないものの意で、「一つ物」と称して一人の童子が神の憑坐《よりまし》となる例が多い。したがって、赤子・童子の姿をとるのは、そうした信仰を人間側がもっていて、幻想したのであったろう。

山姥や海女房その他女の姿をしたものも多い。女はまた超自然的な世界をもっとも感得しやすい、特異な体質・性格をもちあわせるため、古くから神と人間の媒介の役割を果たし、神に仕えることを特技としてきた。卑弥呼は女であるし、神話の天照大神また女であり、司祭者としての巫女《みこ》もそうである。そうしたところから、人びとは女を妖怪のなかの主要なる位置に幻想したのである。

また、片目・片足・一つ目小僧であるとか一本ダタラとよばれる妖怪は、妖怪のなかでももっともよく知られるものである。これは神が人間界に現れるとき、人間と区別するために片目や片足になったという伝説が広くあり、それはさまざまな話として伝えられている。片足の沓《くつ》や草履を神に捧げる例は東日本に多く、また村はずれに魔除けとしておくところもある。これは片足神が村にあって、また境にあって人びとを守護してくれるのである。片目については神が降臨するとき、あるいは出陣の際、誤って栗や松葉や胡麻その他の草木で目を突いて、片目を失ったと伝えられているが、要するに片目・片足を神と意識していたのであった。

動物の妖怪では、神の使いとして信仰されたものが多い。そのもっとも代表的なものが狐である。狐が山から下りてきて、稲田の近くで食べ物をあさり、子狐を養おうとしたのは、ちょうど稲の実った時期から冬にかけてであった。その姿を見たり声を聞いた人は、なにかしら神霊感をおぼえ、山にいる神霊の先駆けとみた。狐は全国的にミサキ・オサキとよばれるが、ミサキは先鋒を意味し、尊い神々はめったに姿を見せるものではないので、神霊をうかがうのは、このミサキを通してでないとできないと人びとは考えた。その結果、ミサキとしての狐そのものに神霊が憑いていると意識し、狐そのものも神として祀られるようになる。妖怪として現れる動物は、多かれ少なかれそうした性格をもつ。

器物もまた妖怪となる。道具にも霊が宿るものと意識した。正月に人間が年神を迎えて年を取るばかりでなく、道具の年取りの儀礼も行う。「臼休め」と称して臼を横にし、注連縄を張り、鏡餅を供えて祀るのである。また臼だけでなく、鍬・鋤・鎌などの農具も同様であるし、蔵の什器類もそうして祀る。これは道具・器物にも霊魂が宿っており、その霊を毎年再生させようとするのである。

したがって、家代々の古い道具ということになると、古い霊がこもっているという考えが生じてくる。ところがこうして再生・補強されない霊があり、また新しい道具が生まれてきて、使われないようになると、古い道具がおろそかにされる。ときには捨て去られてしまう。そうした道具の霊が人間に自己の存在を訴え、あるいは怒り、祟ろうとする。

樹木はまた、古来霊が宿ると考えられた顕著なものである。わが国では、ふだん神は他界にあり、現世に降臨するときは、常緑の木や季節の草花を依代とすると考えられた。今も神社の境内に神木と称する大木があるが、神殿ができ祭場が固定する以前は、この木を神の依代《よりしろ》として祭儀が行われた。正月の門松もまた年神の依代である。田圃のなかに点々と榎や常緑樹が立ち、その木を侵すと祟るところが全国いたるところにあるが、それはやはり霊が宿っているからである。

そうしてまた、人間と同じく樹木は年々生長していくものである。それは生があり霊があるためであると意識された。小正月に「成木責め」といって、柿の木の幹に鉈で傷をつけながら、「成るか成らんか、成らんなら切るぞ」と唱えて、小豆粥を傷口に入れるのは、人間が生きている木と問答し、そして聖なる小豆粥で樹木の霊を再生・補強しようとするのである。樹木はそうした性格をもつものであるから、おろそかにしたとき、当然その霊が道具の霊と同じように、怪なる現象を起こすと幻想するのであった。

4　妖怪出現の時

妖怪の出現を現象面からみると、これも年中行事折々の神祭に対する、日本人の心性がその根底にあると解釈できるものが少なくない。大木が音をたてて傾き、地響きを立てて倒れる怪。夜中に竹を切る音がしたり、枝を払う音がする。こうした山の怪異は「天狗倒し」の話をはじめ、あちこちに伝えられているが、その背後には神祭と伐木との関係が考えられる。神迎えをするときには、オハケという依代の木や竹を高々と庭に立てる。事八日《ことようか》の大眼《まなこ》、卯月八日の天道花《てんとうばな》、五月節供の鯉のぼり、七夕の笹竹や盆の高灯籠など、年中行事の神祭の際、幾度も木や竹を立てる。そのために木や竹を伐ることは重要な作法であって、生活のなかに浸み込んでいた。こうした神事のための伐木・伐竹の印象、心情が妖怪に投影していると考えられる。

ジャンジャン火をはじめとする怪火の数々も、それを意識する根底には、盆の迎え火や送り火、あるいは神祭の火祭の経験と心情が潜んでいるようである。また、北は東北地方から、南は九州に至るまで広い範囲で語られている「小豆とぎ」も、「ザクザク」とか、「ショギショギ」と小豆を研ぐような音をさせる。この音はなにも小豆でなくてもよいはずであるのに、小豆を研ぐ音としているのは、赤飯を作るために小豆を研ぐ、ハレの日すなわち神祭の日の感懐がそう幻想・幻聴させたのであろう。そうすると妖怪は、日本人の神事の感懐と密接な関係があり、妖怪の神性も理解できるのである。

ここで妖怪出現の時期が一つ問題になる。古来「百鬼夜行の日」というのがあって、この日が妖怪活動の日とされた。それは正月、二月子日、四月午日、五月・六月巳日、七月・八月戌日、九月・十月未日、十一月・十二月辰日であり、概して特定の時期というものがなく、年間を通じて出現する。しかし、なかでも出現する季節というのは、秋や冬など何となく物悲しい感じのする季節、四囲の景物も陽光が枯れていく季節に、もっとも多く跋扈《ばっこ》する。

そのなかでまた特定の日に出現するものが少なくない。北九州地方では、暮の十三日と二十日を「山姥の洗濯日」と称している。暮の十三日といえば「事始め」の日で、正月神事の準備をはじめる重要な日である。暮の二十日は「果ての二十日」といい、大和ではこの日は一つ目・一本足の出現する日であり、また鬼が自由に活動する日とされている。関東では旧暦二月・十二月の八日の夜は、一つ目小僧のくる日という。この日は「事八日」で、二月八日は田の神が里に下り、十二月八日に田の神が山に帰って山の神になる日とされるし、信州下伊那では二月八日は「コトの神」を送り出す日としている。一つ目・一本足は山の神の化身で、神が現世に姿を見せるとき常人と弁別するためにこの姿になったという。こうしてみると妖怪出現の日が何らかの意味で神祭の日で、その日は外出せず家にこもって忌籠りをすべき日であった。

妖怪は特定の相手を選ぶことなく、大勢の人間を相手として出現するが、幽霊は個人的な因果関係がともない、特定の人を目ざして出現する。その際人間側に因果関係がまったくわからず、幽霊に怨みをかっていることをまったく知らなくても、幽霊側で一方的に怨みをもっている場合にも出現する。

そして、出現の季節・時刻も、妖怪と幽霊では大きく異なる。妖怪出現の時期は春、花爛漫の候や陽気なころはまれで、秋・冬など四囲の景物がなんとなく寂しげな感の漂う季節が中心である。もちろん夏の終わりや正月・五月の例もあるが、概して秋・冬ということになる。そして時刻は、妖怪のほうは夕暮れか明け方である。この時期というのは昼と夜の境界の時間、すなわち白日の世界と暗黒の世界の交替時である。そのときは薄明りがあって、人にその姿を見せることができる時である。妖怪の場合、人に見られて怖がらせなければならないわけで、しかも、ある種の神秘性・驚異性をもたさねばならないから、そうした時刻になるのである。ところが幽霊のほうは、大部分丑三つ時、すなわち今の午前二時から二時三十分ぐらいのころであり、音を立てたり、何らかの伴奏をともなって出現するところに大きな違いがある。そして、妖怪は何らかの意味で、神そのものであったり、神の化身であったり、神の眷属、あるいは零落した姿であり、神性とかかわるが、幽霊はもっぱら怨霊であるところに大きいな違いがある。

付　妖怪と幽霊

妖怪と幽霊は、ともに我われにおどろおどろしい気をおこさせるものとして、同じものと考えるのが普通であるが、じつはこの両者はまったく別のものである。

妖怪は本来神であったが、長い年月の間に人間に祀られなくなった神、すなわち零落した神で、山・海・川、里や家屋敷などだいたい棲む場所がきまっていて、そのなかでもとくに聖なる神や零落した神たる妖怪の居場所たる他界で、人間が接触する場所に現れる。

それに対して幽霊は死んだ人の霊、すなわち死霊でそれも死後供養をしてくれる人がいなくなって、淋しさや悲しさをもった霊や、この世に怨みをもった霊で、生前の姿や死に望んだときの姿となってこの世に現れる。そしてその霊に関係のある場所や、たとえ遠く離れた場所であろうと、怨みのある人のところに現れる。

また、妖怪は「鬼」「天狗」「山姥」のように恐ろしい姿や、「一つ目」「一本ダタラ」のように、身体の一部を欠いた変わった姿が多い。それは神が人間の世界に出現するときに、人間と区別するためである。そのほか道具や器物だったり、動物であったり樹木であったりと、いろいろの姿で現れる。その時期はなんとなく淋しげな秋や冬の夕暮れや明け方などが多い。

これに対して幽霊の姿は、『源氏物語』『今昔物語』『日本霊異記』などの書籍や、江戸時代以降の「東海道四谷怪談」「怪談牡丹灯籠」などの歌舞伎や幽霊話に描かれてきた。ここに描かれたのは、多く怨みのある人に復讐したり祟ったりする。それ以外にも死霊が忘れられていく自分を思い出してもらえる、縁のある人のところにも現れる。その現れる時期は、妖怪が秋や冬に多いのに対して、幽霊は「生暖かい風の吹く草木も眠る丑三つ時」というように、夏の真夜中というものが多い。かように夏は幽霊の季節。夏芝居や盆興行に幽霊物が多く扱われるのは、盆の精霊祭の時期の前後にほかならない。盆提灯がともり、高灯籠が掲げられて、祖先の霊が招かれて祀られ、供養される。これとともに、じつは招かれざる精霊たちも、このときゾロゾロと大挙してやってくる。すなわち、祀るべき子孫の今は絶えてしまった精霊、この世になにか怨みが残っていて浮かばれない精霊もやってくる。幽霊は「うらめしや」といいながら現れるのが、今日常識的になっているように、人の死霊で、祭を受けないか、この世に怨みが残ったまま他界し、他界に安住して平和な子孫訪問のできないものが、幽霊となって出現すると考えられていた。したがって、盆に幽霊物の芝居のはやるのも故あってのことである。

ところで、幽霊といちがいにいってもじつは二種類ある。その一は、その人に怨みがあるなしにかかわらず、特定の人を目ざしてその眼前に出現する幽霊、その人がどこにいようと、でようと思えば千里を隔てても、どこにでもでられる幽霊、その二は、この世に怨念が残っているにせ

図31　幽霊（『画図百鬼夜行』より）

よ、いないにせよ、きまった場所に出現する幽霊、これは人を選ばない。偶然にしろ、そこに行きあわせたものは、たとえ誰であろうとその怪異にぶつかる。常識的にいえば、前者が本当の幽霊で、後者が妖怪ともいえる。

幽霊話は日本に数々あるが、上田秋成の『雨月物語』に収められている「吉備津の釜」という話がもっとも怖い話であろう。

備前（岡山県）の吉備津（岡山市北区吉備津）の神主家に磯良という娘がいた。仲立ちする人があって、同国の郷士井沢家の一子、正太郎のもとに嫁ぐことになった。正太郎は酒色にふける男だったので、磯良の父母が心配して、吉備津社に伝わる釜で湯立てをして神意を占ったところ、神もこの縁組を承認しなかった。しかし縁談が進んでいたため、やむなく予定通り輿入れした。磯良は夫や父母にもよく仕えたが、いつしか正太郎の本性がでて、鞆の津の遊女、袖に入れあげて帰らなくなった。ある日正太郎は磯良に向かって、自分は袖と手を切るつもりだが、袖がまたもとの遊女になるのは気の毒だから、手当を充分にやって、京に上って暮させたい。そのため路銀などを用意してやりたいと相談をもちかけた。だまされるとも知らず、磯良は自分の衣服・調度を金に換え、さらに実家の母からも金を調達して正太郎に渡した。すると正太郎はその金を持って、袖と手に手をとって行方をくらましてしまった。磯良は嘆き悲しみ、ついに重い病の床に臥してしまった。

さて話は変わって、正太郎と袖の二人は京へ上ることなく、同国荒井の里の袖の従弟、彦六の家に身を寄せていた。ところが袖が物の怪がついたようにうなされ、七日ほど苦しんでこの世を去った。正太郎は袖を手厚く葬り、ある日、その新墓に詣でると、袖の墓のそばに新しい墓が建ち、中年の女が悲しげに詣でている。その女のいうには、その墓は自分の主人の墓で、主人と別れた女君は悲しさのあまり病に臥せっているので、自分が代わりに参っている。もしよければ家にきて、ともどもいとしい人を失った悲しみを慰めあってくれという。正太郎はすすめられるままにその女君の住まいを訪れた。なかに入ると低い屏風を立てて、そこから夜具の端がでている。するとなかから女君が屏風を少し引きあけて、「珍しくもお目にかかったこと。つれないしうちの報いのほどを、思いしらせてあげよう」というので、ハッとしてみると、故郷に残してきた磯良であった。顔色がひどく青ざめ、たるんだ目はすさまじく、さし出す手は青く細っていて、その恐ろしさに正太郎は気絶。やがて息を吹きかえしてみると、家だと思ったのは曠野のなかの荒れた堂であった。正太郎は里のほうの犬の声をたよりにやっとの思いで逃げ帰った。

正太郎が事の始終を陰陽師に語ってうかがうと、陰陽師は「正太郎の災いが身に迫っている。磯良の怨みが袖の命を奪ったがそれでも尽きず、あなたの命も旦夕に迫っている。この『鬼』が世を去ったのは七日前のことだから、今日から四十二日の間は戸を立てて謹慎せねばならない」という。陰陽師は筆をとって正太郎の背から手足すべてに呪文を書きつらね、さらに朱符を記した紙を数多く与え、戸口という戸口に貼って神仏を念じると、あるいは九死に一生を得るかもしれないと教えた。正太郎がその教えを固く守りこもっていると、その夜三更（今の午後十一時～

午前一時）のころ、恐ろしい声がして、「あなにくや。ここに尊い符文が貼ってある」とつぶやいた。こうした夜が毎日毎日続き、その声は日ましに烈しくなり、とうとう四十二日最後の夜になった。やがて五更（今の午前三時〜五時）の天もしらじらと明け、正太郎は長い夢から覚めた気がして、重い物忌がやっと終わったと壁を叩いて隣家の彦六を呼んだ。彦六がそれに答えて戸を半分開けたか開けないとき、「ああっ」という絶叫が隣から聞えたので、尻もちをついてしまった。彦六は正太郎の身に異変が起こったものと、斧をとって表にでると、夜が明けたと思っていたが月はまだ中空にあった。正太郎の家をみると、戸は開けはなたれていて人影はなく。壁におびただしく血が流れていてあとは何もなく、軒のつまに男の髪のもとどりだけがひっかかっていたという。

この話は磯良の生霊が夫を奪った袖をとり殺し、さらにその死霊が自分を裏切った夫をとり殺すという、幽霊話としては二重の構造をもつもっとも恐ろしい話である。符文を戸口に貼って難を逃れようとするのは「牡丹灯籠」と似ているし、体に呪文を書くのは「耳なし芳一」の話に似ている。

さて、我われの頭のなかに描かれている幽霊には足がない。これは幽霊というものを意識しはじめた昔からであろうか。いやもとは足があったようである。実際、幽霊の足音というものも、我われの空想を刺激するせいか非常に効果的である。もっとも怖い足音が、円朝の「牡丹灯籠」のカランコロンという下駄の音である。足のない下半身のボーッとした形で、草木も眠る丑三つ時、なま暖かい夏のそぼ降る雨のなか、川のほとりの柳の陰あたりに、ドロドロと現れるといった形は、近世の文学的修飾の間に自然にまとまってきたらしい。とくに幽霊に足がなくなったのは、円山応挙がそうした幽霊を描いたからだといわれる。

これがさらに芸能上技術的に工夫され、舞台の上から「幽霊は足のないもの」という観念を大衆に植えつけ、それが常識化したのである。この工夫は江戸河原座の鶴屋南北と名優尾上松助によってなされ、文政八年（一八二五）、三代目尾上菊五郎によって上演された、怪談狂言「東海道四谷怪談」が決定版となった。この狂言で、生爪のはげる工夫、髪の毛の抜ける仕掛け、半面仮かつらをつかう変相、提灯から幽霊の抜けでるシーンなど、さまざまな新工夫がなされ、幽霊芝居の一つの型を作ったのである。

尾上松助が応挙の絵などを参考に扮装を考案し、裾をだんだん細く長くひく形にし、足を見せないようにして、宙乗りをさせるなどの仕掛けにしたことが、庶民の信仰上の幻を具象化するうえに非常な影響を与えたのであった。幽霊から足をなくしたことは、霊魂は中空を飛び、いついかなるところへも自由に飛行することができるという、庶民の信仰を具体的にあらわし合理化したものである。

ここで思い出されるのが、肩車の習俗である。肩車というのは、子供を肩に乗せて歩くことであるが、この例はことに神祭に多く、神霊の依代である稚児には絶対に土を踏ませず、馬に乗せるか肩車をして渡御した。土を踏まないことが神聖性を保つという信仰は世界的なもので、足が地に着いていると、霊力が地に吸い込まれてしまうと信じたからであった。したがって幽霊の場合もし足があれば霊が地に吸い込まれて、幽霊の霊としての資格がなくなるといえる。こうしたことからも、幽霊はむしろ足のないのが自然であると言える。

ところで、鬼気せまる幽霊話は『源氏物語』『今昔物語』『日本霊異記』『伊勢物語』『曾我物語』をはじめ幾多の作品に描かれて語り伝えられているが、幽霊話は現代にもなお生きている。タクシーの運転手がある日一人の女を乗せた。女は人形町（東京都中央区日本橋人形町）へ行ってくれという。人形町近くになると今度は三田綱町（東京都港区三田二丁目）へ行ってくれという。三田綱町近くになると、今度はまた人形町へ行ってくれという。そして、人形町の町角で車を止めた女は料金を払わずに消えてしまった。そこで運転手が女の家とおぼしきところに料金をもらいに行くと、その家は葬式の最中であった。運転手が事情を話すと、綱町には結婚するばかりになっていた女の婚約者がいるということであった。運転手は払ってくれた料金を御霊前として供えて帰ったが、帰りに手をあげて車を止めようとするのは、その日にかぎって若い女ばかりであったので、怖くなって一人も乗せずに帰ったという。この話は石原慎太郎氏の友人の体験で、池田弥三郎氏に語られた話であるが、結婚を目前に急死した女の霊が婚約者のもとを訪れる話であり、現代のことだからタクシーに乗って行ったのである。こうした話は今日もよく聞かれる。

幽霊話といえば、たいていは復讐劇・怨霊劇のように思われるが、決してそうした話ばかりではなく、死んで忘れられてしまう自分を思い出させたくて姿を見せたり、直接訴えたい人ばかりではなく、それを伝えてくれる人の前にも現れる、弱々しい心優しい幽霊もいる。多く生前の姿で現れるので怖いが、それは見るもののほうでそう思うだけで、また幽霊の優しさから恐ろしさへの変化は現世の人間の側でつくり上げたものであった。

妖怪に関する主要文献

赤坂憲雄『異人論序説』砂子屋書房、一九八五年
悪魔研究会編『悪魔の研究』六興出版、一九五九年
阿部主計『妖怪学入門』雄山閣、一九六八年
阿部正路『日本の妖怪たち』東京書籍、一九八一年
有井　基『怨霊のふるさと――兵庫のミステリー――』のじぎく文庫、一九七二年
池田弥三郎『日本の幽霊』中公文庫、一九五九年
池田弥三郎『空想動物園』コダマプレス社、一九六七年
石上　堅『木の伝説』宝文館、一九六九年
石川純一郎『河童火やろう』桜楓社、一九七三年
石田文一『琉球怪談選集』沖縄文教出版、一九七三年
石田英一郎『河童駒引考』（「石田英一郎著作集」第五巻）筑摩書房　一九七〇年
石塚尊俊『日本の憑きもの』未来社、一九五九年
市原麟一郎『土佐の妖怪』一声社、一九七七年
市原麟一郎『土佐の怪談』一声社、一九八一年
井上円了『迷信解』（新編妖怪叢書三）国書刊行会、一九八三年
井上円了『妖怪談』（新編妖怪叢書四）国書刊行会、一九八三年
井上円了『おばけの正体』（新編妖怪叢書六）国書刊行会、一九八三年

井之口章次『日本の俗信』弘文堂、一九七五年
岩井宏實監修・近藤雅樹編『図説日本の妖怪』河出書房新社　一九九〇年
岩井宏實監修『日本の妖怪百科』全五巻、河出書房新社　二〇〇〇年
江戸イラスト刊行会編『人物妖怪』柏書房、一九七六年
江馬　務『日本妖怪変化史』中公文庫、一九七六年
岡田章雄『犬と猫』毎日新聞社、一九八〇年
香川雅信『江戸の妖怪革命』河出書房新社　二〇〇五年
笠井新也『阿波の狸の話』（「日本民俗誌大系」第三巻）角川書店、一九七四年
粕　三平『お化け図会』芳賀書店、一九七〇年
京極夏彦文、多田克己編・解説『暁斎　妖怪百景』国書刊行会　一九九二年
窪田明治『江戸動物民話物語』雄山閣、一九七一年
桑田忠親ほか編『妖異風俗』（「講座日本風俗史」別巻第六巻）雄山閣、一九五九年
小松和彦『憑霊信仰論』ありな書房、一九八三年
小松和彦『異人論』青土社、一九八五年
小松和彦・内藤正敏『鬼がつくった国・日本』光文社、一九八五年
五来　重『鬼むかし』角川書店、一九八四年
近藤喜博『日本の鬼――日本文化探究の視角――』桜楓社、一九六六年
今野円輔『怪談――民俗学の立場から――』現代教養文庫、一九五七年
今野円輔『日本怪談集（妖怪篇）』現代教養文庫、一九八一年
今野円輔『日本怪談集（幽霊篇）』現代教養文庫、一九八一年

桜井徳太郎ほか『変身』（ふおるく叢書）弘文堂、一九七四年
佐々木喜善『奥州のザシキワラシの話』（『日本民俗誌大系』第九巻）角川書店　一九七五年
佐竹明広『酒呑童子異聞』平凡社、一九七七年
佐藤米司編『岡山の怪談』日本文教出版、一九七九年
沢田瑞穂『鬼趣談義』国書刊行会、一九七六年
柴田宵曲編『随筆事典』第四巻・奇談異聞編、東京堂、一九六一年
柴田宵曲『妖異博物館』正続二巻、青蛙房、一九六三年
真保亨・金子桂三編『妖怪絵巻』毎日新聞社、一九七八年
関山守弥『日本の海の幽霊・妖怪』学習研究社、一九八二年
高田　衛『餓鬼の思想』新読書社、一九六九年
高田　衛監修、福田篤信・田中直日編『鳥山石燕　画図百鬼夜行』国書刊行会　一九九二年
武田明編『日本の化かし話百選』三省堂ブックス、一九七三年
武田静澄『河童・天狗・妖怪』河出書房、一九五六年
只腰宏子『間関記』大洋社、一九八〇年
田中初夫編『図画百鬼夜行』渡辺書店、一九六八年
谷川健一『魔の系譜』紀伊国屋書店、一九七一年
谷川健一『神・人間・動物』平凡社、一九七五年
谷川健一『鍛冶屋の母』思索社、一九七九年
千切光歳『天狗考』（上）濤書房、一九七三年
千切光歳『天狗の研究』大陸書房、一九七五年

千切光歳『鬼の研究』大陸書房、一九七五年
千切光歳『仙人の研究』大陸書房、一九七六年
常光　徹監修『日本の妖怪大図鑑』ミネルヴァ書房　二〇一一年
中村義雄『魔よけとまじない』塙書房、一九七八年
馬場あき子『鬼の研究』三一書房、一九七一年
早川孝太郎『猪・鹿・狸』角川文庫、一九五五年「世界教養全集」第二一巻、平凡社、一九六一年
日野　巌『植物怪異伝説新考』有明書房、一九七九年
平野威馬雄『井上円了妖怪講義』リブロポート、一九八三年
福田清人編『日本の妖精たち』三省堂ライブラリー、一九七八年
藤沢衛彦『図説日本民俗学全集』第四巻・民間信仰・妖怪編、あかね書房、一九六〇年
松谷みよ子『河童・天狗・神かくし』（現代民話考1）立風書房、一九八五年
水木しげる『妖怪入門』小学館、一九七四年
水木しげる『妖怪クイズ百科じてん』小学館、一九七九年
水木しげる『妖怪百物語』小学館、一九七九年
水木しげる『妖怪事典』東京堂出版、一九八一年
水木しげる『続妖怪事典』東京堂出版、一九八四年
水木しげる『不思議旅行』中公文庫、一九八四年
宮田　登『妖怪の民俗学』岩波書店、一九八五年
恵　俊彦編・解説、須永朝彦文『国芳　妖怪百景』国書刊行会　一九九九年
柳田國男『山島民謡集』（「定本柳田國男集」第四巻）筑摩書房、一九六三年　東洋文庫増補版

柳田國男『おとら狐の話』（『定本柳田國男集』第三一巻）筑摩書房　一九六四年
柳田國男『一目小僧その他』（『定本柳田國男集』第五巻）筑摩書房　一九六二年
柳田國男『木思石語』（『定本柳田國男集』第五巻）筑摩書房　一九六二年
柳田國男『日本伝説名彙』日本放送出版協会、一九五〇年
柳田國男『日本昔話名彙』日本放送出版協会、一九五〇年
柳田國男『妖怪談義』（『定本柳田國男集』第四巻）筑摩書房　一九六三年
柳田國男『山の人生』（『定本柳田國男集』第四巻）筑摩書房　一九六三年
柳田國男『神樹篇』（『定本柳田國男集』第一一巻）筑摩書房　一九六三年
柳田國男『狐猿随筆』（『定本柳田國男集』第二二巻）筑摩書房　一九六二年
山田野理夫編『日本怪異集成』全二巻、宝文館、一九七五年
山田野理夫編『怪談の世界』時事通信社、一九七八年
山中　登『かっぱ物語』河出書房、一九五六年
湯本豪一編『明治妖怪新聞』柏書房　一九九九年
湯本豪一編『地方発明治妖怪ニュース』柏書房　二〇〇一年
吉田禎吾『日本の憑きもの』中央公論社、一九七二年
吉野裕子『狐』法政大学出版局、一九八〇年
ラフカディオ・ハーン『怪談・奇談』（田代三千稔訳）角川文庫、一九五六年
ラフカディオ・ハーン『怪談』（平井呈一訳）岩波文庫、一九四〇年
和田和文『ニライからきた人魚』（井口文秀絵）小峰書店、一九七六年

著者略歴

岩井宏實（いわい　ひろみ）

一九三二年　奈良県に生まれる。

一九五八年　立命館大学大学院文学研究科日本史学専攻修士課程修了。大阪市立博物館主任学芸員、国立歴史民俗博物館教授・民俗研究部長、帝塚山大学学長、大分県立歴史博物館長を歴任。文学博士。

〔主要著書〕

『地域社会の民俗学的研究』『曲物』『絵馬』（法政大学出版局）、『民具の博物誌』『民具の歳時記』（河出書房新社）、『環境の文化誌——地域文化の形成』『民具学の基礎』（慶友社）、『奈良大和の社会史点描』（岩田書院）ほか多数。

増補改訂 暮らしのなかの妖怪たち

二〇一二年一〇月二〇日　第一刷発行

著　者　岩井宏實

発　行　慶　友　社

〒一〇一-〇〇五一

東京都千代田区神田神保町二-四八

電　話〇三-三二六一-一三六一

FAX〇三-三二六一-一三六九

印刷・製本＝亜細亜印刷

© ISBN 978-4-87449-247-5　C1039